KB188615

초등학생을 위한
기적의 신체놀이

2학년 1학기

☑ 일러두기

'기적의 신체놀이' 시리즈는 '2022개정 교육과정 통합교과서'를 참고하여 개발 및 집필되었음을 밝힙니다.

1-1 학교, 사람들, 우리나라, 탐험

1-2 하루, 약속, 상상, 이야기

2-1 나, 자연, 마을, 세계

2-2 계절, 인물, 물건, 기억

초등학생을 위한 기적의 신체놀이

2학년 1학기

서은철 외 지음 | 김재희 그림

서문

최근 교육 현장에서 에듀테크와 다양한 수업 기술이 발전하면서, 노트북과 태블릿과 같은 현대적인 보조 자료들이 학교에 보급되고 있습니다. 이러한 기술들이 교수·학습의 형태를 보다 효율적이고 효과적으로 만들어 주고 있지만, 동시에 학생들의 신체활동 시간은 점점 줄고 있습니다. 저체력 학생의 비중이 갈수록 늘고 있으며, 신체활동 콘텐츠에 대한 관심도 줄고 있는 현실입니다. 학생들의 신체활동에 대한 욕구는 여전히 강하지만 미세먼지, 황사, 우천 등 환경적 요인과 강당 및 운동장 사용 시간 확보의 어려움, 그리고 신체활동 콘텐츠의 부족으로 실제 신체활동 시간은 줄고 있는 상황입니다.

이러한 문제를 해결하고자 2024년부터 도입되는 2022 개정 교육과정에서는 1~2학년 학생들의 신체활동 놀이를 더욱 강조하고 있습니다. 2015 개정 교육과정에서는 '즐거운 생활' 과목에 신체·놀이활동이 80시간 배정되었으나, 2022 개정 교육과정에서는 '즐거운 생활' 128시간과 '안전교육' 16시간으로 확대되었습니다. 이는 단순히 수업 시간을 늘리는 것을 넘어, 학생들이 실제로 뛰어놀며 신체 움직임을 수반하는 체육 개념으로 재편성된 것입니다. 이로 인해 학생들은 보다 동적인 신체활동을 통해 신체 능력을 발전시킬 기회를 가지게 됩니다.

기존에 개발되어 학교 현장에 보급된 체육 놀이 활동은 주로 중·고학년을 대상으로 하여, 저학년 학생들에게 적합한 활동이 부족했습니다. 저학년 학생들은 신체활동에 대한 접근 방식이 다르고, 날씨나 특별실 사용에 대한 제약 없이 쉽게 적용할 수 있는 놀이가 필요합니다. 따라서 우리는 이러한 요구를 반영하여 저학년도 쉽게 접근할 수 있는 새롭고 재미있는 신체활동 놀이를 개발하고 보급하고자 했습니다. 이 책은 8가지 기본 움직임 요소를 중심으로 구성되어 있으며, 각 요소에 맞는 놀이를 제공하여 학생들이 신체적으로 다양한 경험을 할 수 있도록 설계되었습니다.

책의 구성은 이해하기 쉬운 그림책 형식으로 되어 있으며, 학기별로 신체활동을 효과적으로 적용할 수 있도록 구성하였습니다. 1학년 1학기부터 2학년 2학기까지의 학습 환경에 맞춘 신체활동을 제시함으로써, 교사들이 수업 계획을 세우는 데 실질적이고 구체적인 도움을 받을 수 있도록 했습니다. 각 활동은 교실, 운동장, 강당 등 다양한 장소에서 적용할 수 있으며, 대안 활동을 제시하여 교사들이 환경에 맞춰 유연하게 활용할 수 있도록 하였습니다.

이 책의 집필에 도움을 준 분들께 특별히 감사의 마음을 전하고 싶습니다. 먼저 집필 활동에 참여해 주신 1분에듀 연구회와 가바보 연구회 선생님들께 깊은 감사를 드립니다. 여러분의 열정과 헌신 덕분에 이 책이 완성될 수 있었습니다. 활동을 구상하고 교실에서 시도하며 피드백을 주고받는 과정에서 보여 주신 노력과 협력은 이 책의 품질을 높이는 데 큰 기여를 했습니다.

또한 제 아내이자 그림작가인 김재희 선생님께도 진심으로 감사드립니다. 제 그림 실력으로는 감당할 수 없는 많은 삽화를 기꺼이 맡아 주셨고, 학기 중 퇴근 후 늦은 시간까지, 그리고 방학까지 모두 반납하며 함께 작업해 주셨습니다. 신혼의 달콤한 시간을 포기하고 함께한 이 과정은 우리에게 큰 의미가 되었고, 이 책이 완성되기까지의 중요한 원동력이 되었습니다.

이 책이 학생들에게 즐겁고 유익한 신체활동을 제공하며, 교사들에게는 신체활동 수업을 원활하게 진행할 수 있는 유용한 도구가 되기를 진심으로 바랍니다. 신체활동을 통해 학생들이 신체적, 사회적, 정서적으로 건강하게 성장할 수 있기를 바라며, 교사들이 이 책을 통해 학생들과 함께 즐거운 신체활동을 경험하길 기대합니다. 이 책이 모든 독자에게 유익한 자료가 되기를 소망합니다.

2025년 3월

서은철

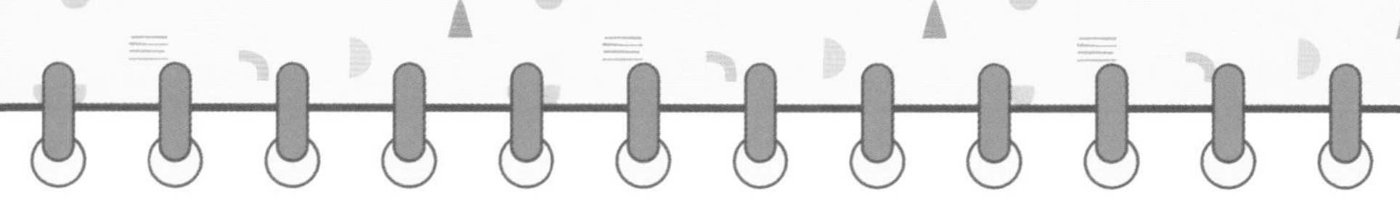

차례

2부

자연

3부

마을

4부

세계

1부

나

단원 설명

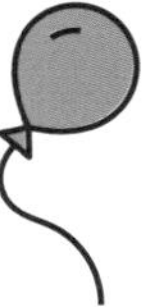

통합교과서의 '나' 단원은 자기 자신을 이해하고, 자아 존중감을 기르도록 합니다. 자신의 몸과 감정을 탐색하고, 스스로를 돌보는 방법을 배우며, 건강한 생활 습관을 형성하는 것에 초점을 둡니다. 아이들은 자신의 신체를 다양한 방식으로 움직이며 몸의 가능성을 발견하고, 이를 통해 자신감을 얻습니다. 따라서 이 책에서는 아이들이 놀이를 통해 자신의 움직임을 탐색하고 표현할 수 있도록 다양한 활동을 구성했습니다. 멈춤동작을 모둠원에게 전달하는 '협동 멈춤동작 놀이', 걸음걸이를 다양하게 바꿔 가며 대장을 찾는 '걸음대장' 같은 활동을 통해 아이들이 자기 몸을 긍정적으로 받아들이고, 몸의 움직임을 조절하는 능력을 키울 수 있도록 했습니다. 또한 자신의 신체 움직임과 표현 동작을 친구들과 비교하기보다 자신의 개성을 존중하는 태도를 기를 수 있도록 했습니다.

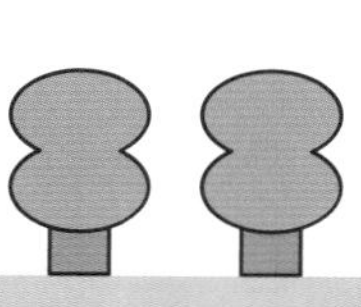

기본 움직임 요소	교실 놀이	강당이나 운동장 놀이
기본동작 모이기	내 뒤로 줄을 서시오	사자를 조심해!
	협동 멈춤동작	멈춤동작 술래잡기
도구 활용	애벌레기차	풍선킥런볼
매달리기	접시콘을 지켜라	원숭이꽃이 피었습니다
걷기 달리기	걸음대장	걸음 신호등
	산 너머 물 너머	랜덤 주사위 달리기
높이뛰기 멀리뛰기	무지개에 이름을 올려라	멀리 뛰는 개구리들
던지기 치기 차기	풍선 맞추기	풍선치기 경주

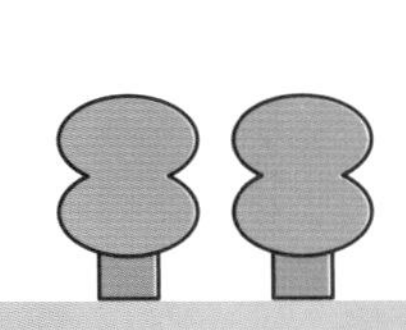

기본동작 · 모이기

놀이 1

내 뒤로 줄을 서시오

놀이 2

사자를 조심해!

놀이 3

협동 멈춤동작

놀이 4

멈춤동작 술래잡기

내 뒤로 줄을 서시오

• 활동 장소 : 교실 • 활동 인원 : 전체 • 준비물 : 공 2개, 리듬스틱

이 활동은 공을 친구에게 전달하다가 신호가 들리면 공을 가진 학생 뒤로 줄을 서는 놀이입니다.

1 두 모둠으로 나뉘어 모둠별로 바닥에 원 모양으로 둘러앉는다.

신체놀이 꿀팁

모둠을 나눌 때는 학생 번호 짝/홀수끼리 모이기, 남/여끼리 모이기, 둘이 가위바위보해서 이긴/진 사람끼리 모이기 등 비슷한 숫자로 모일 수 있는 기준을 정하여 간단한 모이기 놀이를 통해 나누면 더욱 즐겁게 진행할 수 있다.

2 모둠별로 공을 1개씩 갖고, 선생님이 리듬스틱으로 쳐주는 리듬에 맞추어 일정한 속도로 옆 사람에게 공을 전달한다.

신체놀이 꿀팁

놀이 시작 전에 반 전체 학생이 원 하나로 둘러앉아서 공 전달 연습을 하면 놀이가 더 쉽게 진행된다. 처음에는 박자를 천천히 하여 익숙해지도록 하고, 점점 빠르게 쳐서 박진감을 더한다. 리듬스틱을 빠르게 두 번 연속하여 칠 때 전달 방향을 바꾸도록 하면 더욱 재미있다. 익숙해지면 음악에 맞추어서 진행해도 된다.

3 선생님이 신호를 주면 공을 가지고 있는 학생 뒤로 모둠원들이 신속하게 줄을 선다.

신체놀이 꿀팁

공을 가지고 있는 학생이 기준점 위치를 잘 잡아 줘야 한다. 뒤에 공간이 충분하지 않은 곳에 서면 아이들이 줄을 설 수 없기 때문이다. 그렇기에 사전에 공을 가지고 있는 학생은 뒤의 공간이 충분한 곳에 서도록 지도한다. 또한 신호를 받고 줄을 설 때 서로 밀치지 않도록 지도한다.

4 먼저 줄을 가지런히 선 후 모둠 구호를 외치면 1점을 얻는다.

신체놀이 꿀팁

앞으로 나란히, 옆으로 나란히, 좁게 서기 등으로 줄 서는 방법을 달리해도 좋다. 교실의 크기와 장소에 따라 변형이 가능하다. 모둠 구호는 '00 모둠 사랑해!' 등 긍정적인 언어로 정하면 좋다.

사자를 조심해!

• 활동 장소 : 강당/운동장 • 활동 인원 : 전체 • 준비물 : 훌라후프, 고깔, 고무줄

이 활동은 단계별 동물 동작을 하며 가위바위보를 하다가 술래를 피해 지정된 영역으로 모이는 놀이입니다.

1 단계별 동물 동작을 익힌다.

- 1단계 : 오리
- 2단계 : 토끼
- 3단계 : 독수리
- 4단계 : 악어
- 최종 단계 : 사자

신체놀이 꿀팁

동물 동작은 학생들과 함께 정해도 좋고, 단계에 해당하는 동물을 바꿔서 해도 좋다. 단, 동작이 커서 구분하기 쉬운 동작으로 구성한다. 최종 단계인 사자는 동작이 없다. 학생들이 단계를 외우기 힘들어 하거나, 더 빠르게 진행하고 싶다면 단계의 수를 줄여도 된다.

2 놀이 시작 시 1단계 오리 흉내를 내며 돌아다니다가 같은 단계의 친구를 만나면 가위바위보를 한다.

신체놀이 꿀팁

다른 단계끼리는 가위바위보를 할 수 없다. 학생들이 서로의 단계를 알 수 있도록 동작을 크게 하도록 안내한다.

3 가위바위보에서 이기면 다음 단계로, 지면 1단계로 돌아가서 반복한다.

신체놀이 꿀팁

가위바위보에서 지면 무조건 1단계로 간다는 것을 숙지시킨다. 1단계에서 지면 그대로 1단계이고, 최종 단계인 선생님과 대결해서 져도 1단계로 간다.

4 4단계에서 이기면 선생님께 와서 선생님과 대결하고, 선생님과의 대결에서 이긴 학생은 사자가 되며 선생님의 호루라기 신호에 맞춰 다른 학생들을 잡으러 간다.

신체놀이 꿀팁

4단계인 악어가 되면 바로 선생님께 오는 것이 아님을 숙지시킨다. 악어끼리 만나서 대결하고 이겨야 선생님과 대결할 수 있다. 사자가 된 학생은 도망치는 학생들 중 1명만 잡아서 선생님께 데리고 오도록 한다.

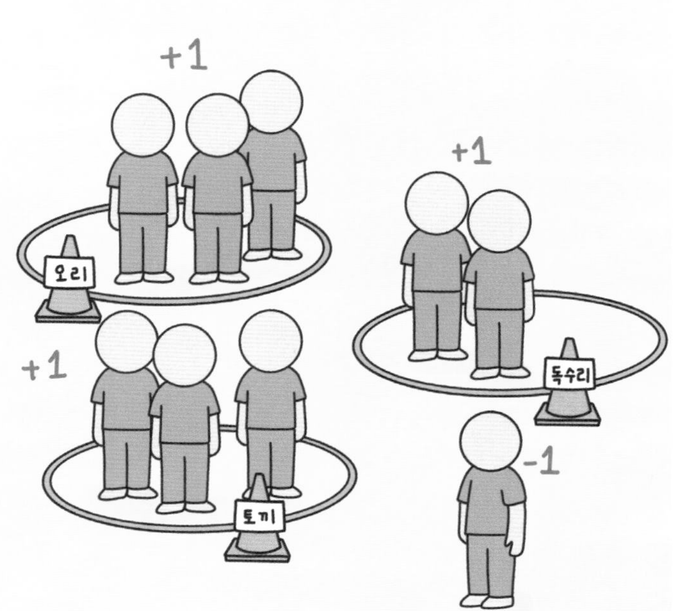

5 사자를 피해 도망치는 학생들은 본인의 단계에 맞는 고깔이 있는 훌라후프 안에 모이면 1점을 획득한다.

신체놀이 꿀팁

고깔에 동물 단어 또는 사진을 붙여 놓으면 학생들이 자신의 단계를 더 잘 찾아갈 수 있다. 학생 인원수에 따라 훌라후프 개수를 늘린다. 27명 기준 한 단계당 훌라후프 2개면 충분히 학생들이 모일 수 있다. '뭉쳐야 산다'를 강조하여 자신이 있는 훌라후프 안에 들어오려는 학생을 밀쳐 내는 행동을 사전에 방지한다.

6 놀이를 반복한 후 점수가 높은 학생이 승리한다.

신체놀이 꿀팁

점수 확인용으로 학생들에게 손목 밴드나 고무줄을 줘서 표시할 수 있다. 승패는 중요하지 않기 때문에 승패 여부를 따지지 않아도 된다.

협동 멈춤동작

• 활동 장소 : 교실 • 활동 인원 : 전체, 모둠(2~4인) • 준비물 : 없음

이 활동은 멈춤동작을 익힌 다음, 멈춤동작을 전달하는 모둠 활동을 통해 다른 모둠과 승부를 겨루는 협동형 놀이입니다.

1 ㅜ(우) 자 멈춤동작, 한 발 들고 양손 모으기, ㅅ(시옷) 자 멈춤동작을 연습한다. 5초 이상 균형을 잡는 것을 목표로 한다.

신체놀이 꿀팁

활동하기 전에 학생들이 동작을 연습할 수 있는 개인 공간을 확보한다. 학생들이 멈춤동작에 익숙하지 않으므로 연습할 시간을 충분히 제공해야 한다.

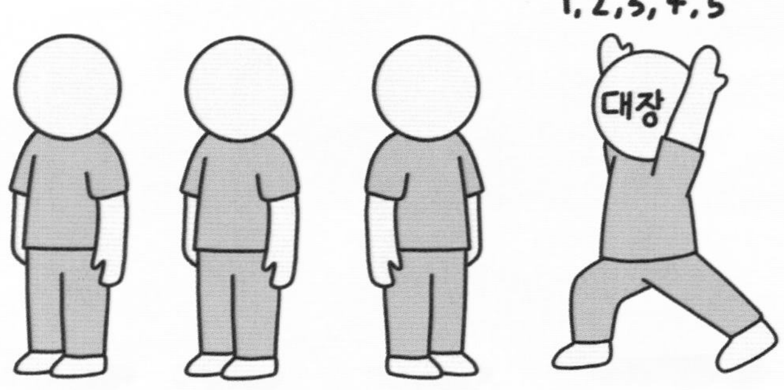

2 모둠별로 일렬로 선 뒤, 대장(맨 앞 사람)과 바로 다음 사람은 마주 본다. 대장이 먼저 멈춤동작 중 1가지를 정해 5초 이상 균형을 잡는다.

신체놀이 꿀팁

뒤로 돌아 있는 모둠원들은 아무리 궁금해도 절대 돌아보지 않아야 하고, 모둠원에게 말로 멈춤동작에 대한 힌트를 미리 알려 주어서도 안 된다. 2가지 규칙이 지켜져야 모둠 간 경쟁이 공정하게 이루어지므로 이 점을 꼭 지도해야 한다.

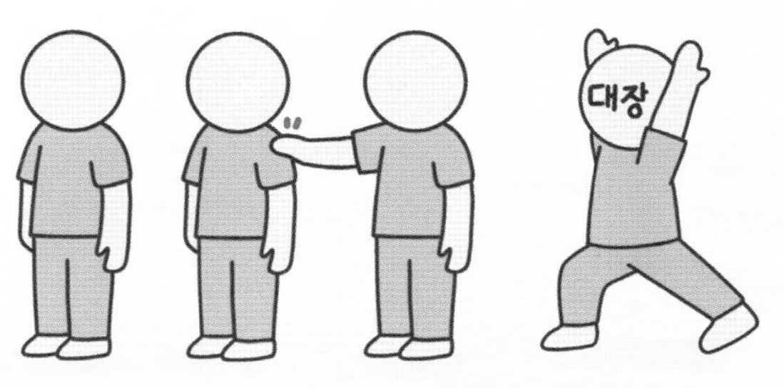

3 다음 사람은 뒤로 돌아 뒷 사람의 어깨를 태그하고 대장의 멈춤동작을 따라 하여, 5초 이상 유지하면 차례가 넘어간다.

신체놀이 꿀팁

대장은 멈춤동작을 가장 오래 유지해야 하므로, 멈춤동작에 자신이 있는 사람이 역할을 수행하여야 한다. 미리 대장의 역할을 알려 줄 수 있지만, 학생들이 스스로 놀이 전략을 발견할 수 있도록 기회를 주는 것도 좋다.

4 마지막 사람까지 멈춤동작을 5초 이상 유지할 동안, 모둠원들이 모두 멈춤동작을 유지해야 한다.

신체놀이 꿀팁

'5초'를 세는 속도가 학생마다 다를 수 있으므로 모둠 간 경쟁을 시작하기 전에 선생님이 시계를 보면서 '1…2…3…4…5…'를 세어 기준을 안내해 주어야 한다.

5 멈춤동작 도전에 실패한 경우, 순서를 바꾸어 다시 도전할 수 있다.

신체놀이 꿀팁

대장 그리고 대장과 가까운 학생은 멈춤동작을 오래 유지하여야 하므로 수행능력이 좋은 학생이 우선시되지만, 수행능력이 조금 떨어지는 학생도 대장 역할에 도전할 수 있도록 충분히 격려한다.

성공!

6 마지막 사람까지 멈춤 동작을 유지하면 '협동 멈춤동작'에 성공한다.

신체놀이 꿀팁

수행 능력이 좋은 학생들이 특정 모둠에 몰려 있어서 성공 경험이 집중되는 경우, 모둠 구성을 다시 하여 최대한 많은 학생에게 성공의 기회를 제공하여야 한다.

멈춤동작 술래잡기

• 활동 장소 : 강당/운동장　　• 활동 인원 : 전체　　• 준비물 : 훌라후프

이 활동은 술래에게 잡히면 정해진 구역으로 가서 멈춤동작을 유지하고 부활하는 술래잡기 놀이입니다.

1 ㅜ(우) 자 멈춤동작, 한 발 들고 양손 모으기, ㅅ(시옷) 자 멈춤동작을 연습한다. 5초 이상 균형을 잡는 것을 목표로 한다.

신체놀이 꿀팁

활동하기 전 학생들이 동작을 연습할 수 있는 개인 공간을 확보한다. 학생들이 멈춤동작에 익숙하지 않으므로 연습할 시간을 충분히 제공해야 한다.

2 가위바위보를 하여 술래를 정한다. 술래는 멈춤동작 1가지를 정한 후에 술래잡기 놀이를 시작한다.

신체놀이 꿀팁

멈춤동작은 연습시간에 익힌 'ㅜ(우) 자 멈춤동작', '한 발 들고 양손 모으기', 'ㅅ(시옷) 자 멈춤동작'을 활용할 수 있다. 이외에도 창작한 멈춤동작을 제안할 수 있지만, 지나치게 어려운 동작은 제외한다.

3 술래에게 잡히면 지정된 장소로 가서 멈춤동작을 수행한다. 5초 이상 유지하는 데 성공하면 부활하여 다시 놀이에 참여할 수 있다.

신체놀이 꿀팁

술래의 의욕을 높이기 위해 술래도 일정 시간 동안 친구들을 잡지 못하면 연습 장소에서 멈춤동작을 연습해야 한다고 정해도 좋다.

도구 활용

놀이 1

애벌레기차

놀이 2

풍선킥런볼

애벌레기차

• **활동 장소 : 교실** • **활동 인원 : 전체** • **준비물 : 풍선, 원마커**

이 활동은 풍선을 이용해 기차 모양으로 모둠원이 함께 이동하면서 협동심을 키우고 성취감을 느낄 수 있게 하는 놀이입니다.

1 모둠별로 같은 인원수(최소 4명 이상)로 팀을 나눈다.

신체놀이 꿀팁

팀을 나눌 때는 신체 접촉이 생길 수 있으므로 가능하면 성별을 고려하여 나누는 것이 좋다. 최소 4명으로 팀을 구성해도 놀이를 진행할 수 있으며 한 팀에 많은 인원수를 두어도 가능하다.

2 교실 앞뒤에 원마커로 반환점을 만들고, 각 지점에 3명, 1명으로 나뉘어 선다(한 팀당 4명인 경우).

신체놀이 꿀팁

교실 앞뒤로 원마커나 고깔을 두어 반환점을 만든다. 해당 물품이 없으면 색종이를 사용하여 표시해도 된다. 만약 4명보다 많은 인원이 팀을 구성할 경우, 처음 출발하는 2명을 제외한 나머지 인원은 각 지점에 고루 대기하도록 한다. 즉 출발 지점에 있는 인원이 반대 지점에 있는 인원보다 2명 많게 한다.

3 출발 지점에 있는 3명의 학생 중 2명은 몸 사이에 풍선을 두고 기차 모양을 만들고 대기하고, 반대 지점에 있는 1명은 풍선을 손에 들고 기다린다.

신체놀이 꿀팁

풍선이 없다면 다른 물건으로 대체해도 된다. 일반 공이나 솜털공으로도 충분히 놀이가 가능하다.

4 출발 신호에 맞추어 출발한 기차 모양의 두 학생이 맞은편 반환점에 도착하면, 반환점에 있는 학생이 자신의 풍선을 기차 모양 맨 뒤에 있는 친구의 등에 대고 붙어서 같이 이동한다.

신체놀이 꿀팁

저학년 친구들이 바로 놀이를 하면 출발점과 반환점을 반복해 이동하는 것을 이해하기 어려울 수 있다. 따라서 처음에는 풍선 없이 연습을 충분히 해 보고, 학생들이 충분히 이해했을 때 풍선을 이용하여 놀이를 진행하면 된다.

5 각 지점을 반복하여 오가며, 1명씩 기차의 끝에 계속해서 붙는다. 대기하는 학생이 없을 때 놀이가 종료되며, 시간을 기록한다.

신체놀이 꿀팁

한 팀씩 놀이를 진행하는 경우에는 시간을 기록하여 가장 빠른 기록을 내는 팀이 승리한다. 여러 팀이 동시에 진행하는 경우에는 이어달리기 형식을 이용하여 가장 빨리 도착한 팀이 승리한다. 사용을 마친 풍선은 입구 부분을 가위로 살짝 자르면 조용히 처리가 가능하다.

풍선킥런볼

• 활동 장소 : 강당 • 활동 인원 : 전체 • 준비물 : 풍선, 팀조끼, 고깔

이 활동은 풍선을 이용하여 간단하게 킥런볼을 경험해 보며 협동심을 키울 수 있는 놀이입니다.

1 두 팀으로 나뉘어 공격팀, 수비팀을 정하고 공격팀은 공격 위치에 한 줄로 서고, 수비팀은 수비 위치로 이동한다.

신체놀이 꿀팁

풍선킥런볼은 모든 학급 인원이 동시에 참여할 수 있기 때문에 학생 관리에 용이하다. 건강 상태가 좋지 않은 친구는 점수 계산 역할을 하도록 안내한다.

2 공격팀은 공격 순서를 정하고 고깔 위에 올려진 풍선을 차서 공격한다. 수비팀은 공격팀의 풍선을 잡는다.

신체놀이 꿀팁

풍선을 공으로 활용하여 진행할 시, 공간이 많이 필요하지 않다는 점과 안전하게 진행할 수 있다는 장점이 있다. 또 실력 차이가 크게 나지 않아서 운동 능력과 상관없이 모두가 즐겁게 놀이 활동에 참여할 수 있다.

3 풍선을 가장 먼저 줍는 학생이 줄의 맨 끝에 서고 그 앞으로 나머지 수비팀이 이어서 줄을 만들어 풍선을 손으로 넘긴다. 더 이상 풍선을 받을 사람이 없으면 맨 끝에 있는 사람부터 달려와 줄을 이어 나간다.

신체놀이 꿀팁

수비팀이 미리 수비 연습을 해 보고 놀이를 시작하면 진행이 수월하다. 수비할 때는 협동심이 중요하므로 서로 배려하고 협력하는 것이 중요함을 활동 전에 알려 준다.

4 수비팀이 줄을 계속 이어 나가면서 처음 풍선이 올려져 있던 고깔 위에 풍선을 올려놓으면 한 차례 놀이가 종료된다. 수비 시간을 재어서 10초 안에 성공하면 수비팀 1점, 실패하면 공격팀 1점을 부여한다.

신체놀이 꿀팁

학생이 느끼는 난이도에 따라 수비 시간을 조정할 수 있다. 실력이 좋으면 10초보다 시간을 줄이면 되고, 실력이 부족하면 10초보다 늘릴 수 있다.

매달리기

놀이 1

접시콘을 지켜라

놀이 2

원숭이꽃이 피었습니다

접시콘을 지켜라

• **활동 장소 : 교실** • **활동 인원 : 전체**

• **준비물 : 10개 이상의 접시콘, 풍선 또는 펀스틱 2개**

이 활동은 서로에게 매달려 선 술래가 접시콘을 뺏으려는 학생들을 아웃시켜 최대한 많은 접시콘을 지키는 놀이입니다.

1 술래 2명은 손을 잡고, 한쪽 발을 맞닿게 한 채 서로에게 매달려 선다. 그 주변으로 접시콘을 여러 개 둔다.

신체놀이 꿀팁

두 사람이 서로에게 의지한 채 매달리는 자세를 사전에 충분히 연습한 후 진행한다.

2 제한 시간(1분) 동안 주변 학생들은 술래의 공격을 피해 접시콘을 가져온다. 공격에 맞으면 아웃!

신체놀이 꿀팁

풍선이나 펀스틱으로 접시콘 밖 학생들을 공격할 때, 머리는 맞히지 않도록 한다. 만약 술래가 서로 손을 놓치거나 매달리는 자세가 흐트러지면, 잠시 멈췄다가 자세를 다시 잡고 시작한다.

3 아웃되었다면 경기가 끝날 때까지 정해진 구역에서 기다린다.

신체놀이 꿀팁

아웃된 학생이 미션(팔벌려뛰기 5회 등) 수행 후 다시 놀이에 참여하게 하면 소외되는 학생 없이 다 같이 즐겁게 진행할 수 있다.

4 제한 시간 종료 후 몇 개의 접시콘을 지켜 냈는지 세어 본다. 놀이가 모두 끝난 후 가장 많은 접시콘을 가진 쪽이 승리한다.

신체놀이 꿀팁

접시콘에 숫자를 표시하고, 남아 있는 접시콘에 표시된 숫자의 합으로 점수를 매겨도 좋다.

원숭이꽃이 피었습니다

• 활동 장소 : 운동장 • 활동 인원 : 전체 • 준비물 : 없음

이 활동은 술래에게 다가가다가 술래가 뒤를 돌아볼 때, 어딘가에 매달려서 두 발이 땅에 닿지 않도록 해야 하는 놀이입니다.

1 술래 1명을 뽑아서 일정한 지점에서 다른 사람들을 등지고 서도록 한다.

신체놀이 꿀팁

가장 처음에 술래를 뽑을 때는 술래를 하고 싶은 친구들과 선생님이 '선생님을 이겨라 가위바위보'를 해서 뽑으면 좋다.

2 술래가 "원숭이꽃이 피었습니다!"를 외치다가 구호가 끝남과 동시에 뒤를 돌아본다. 이때 다른 학생들은 어딘가에 매달려 있어야 한다.

신체놀이 꿀팁

매달린 상태에서는 약간의 움직임은 허용한다. 뒤를 돌아보는 상태는 5초까지만 허용한다.

3 술래가 뒤를 돌아보는 순간 매달려 있지 않았던 학생들은 술래에게 가서 손을 잡고 기차를 만든다.

신체놀이 꿀팁

기차 만드는 방법

- 술래와 함께 손 잡고 있기 : 살아남은 사람이 술래를 건드리면 기차가 끊어진다.
- 술래와 함께 새끼손가락 걸고 있기 : 살아남은 사람이 새끼손가락 고리를 끊어 내면 기차가 끊어진다.

4 술래에게 다가가서 술래를 건드리면 기차가 끊어지며 잡혀 있던 친구들이 모두 풀려난다. 이때 술래를 피해 모두 도착지점까지 달린다.

신체놀이 꿀팁

기차를 끊기 위해서 술래를 건드릴 때, 너무 세게 건드리지 않도록 지도한다. 또한 학생들이 서로 부딪치거나 넘어지지 않도록 주의를 준다. 도착지점까지 달릴 때 어딘가에 매달리면 살 수 있도록 하는 규칙을 적용할 수도 있다.

5 술래에게 잡힌 사람은 다음 판의 술래가 된다. 술래가 아무도 잡지 못했다면, 처음에 술래를 뽑을 때와 같은 방법으로 새로운 술래를 뽑는다.

신체놀이 꿀팁

술래를 하고 싶어서 일부러 탈락하는 학생들이 많다면, 끝까지 살아남는 학생을 술래로 정하게 할 수 있다.

04

걷기 · 달리기

놀이 1

걸음대장

놀이 2

걸음 신호등

놀이 3

산 너머 물 너머

놀이 4

랜덤 주사위 달리기

걸음대장

• 활동 장소 : 교실　　• 활동 인원 : 전체　　• 준비물 : 없음

이 활동은 걸음걸이를 다양하게 바꿔 가며 학생들을 몰래 지휘하는 '대장'과 그런 대장을 찾는 '술래'의 숨 막히는 대결이 펼쳐지는 놀이입니다.

1 모두 자리에서 일어나 종종걸음, 게걸음, 황새걸음 등 다양한 걸음걸이를 함께 익힌다.

신체놀이 꿀팁

걷기에 방해가 되지 않도록 의자는 책상 안으로 밀어 넣고, 책걸상에 걸린 옷이나 가방 등은 책상 위에 올려놓는다. 칠판에 걸음걸이의 종류를 써 놓으면, 걸음걸이를 익힐 때와 대장이 걸음걸이를 바꿀 때 참고할 수 있다.

2 1명의 술래를 정하여 잠시 복도에 나가 있게 하고, 교실에 있는 학생들끼리 의논하여 대장을 정한다.

신체놀이 꿀팁

대장은 바꿀 걸음걸이를 정하는 사람을 말한다. 짧은 시간 안에 진행되는 놀이이므로, 술래는 최대한 간단한 방법으로 정한다. 복도에 나가 있는 술래에게 들리지 않도록 대장을 정할 때는 최대한 작은 목소리나 손짓으로만 의논한다.

3 술래가 교실에 들어오면 모두 기본 걸음걸이로 걷다가 대장이 걸음걸이를 바꾸면 모두 걸음걸이를 바꿔 걷는다. 술래는 대장이 누구인지 추리한다.

신체놀이 꿀팁

멈춘 상태에서 진행하면 대장이 누구인지 쉽게 들통날 수 있다. 그래서 기본 걸음걸이로 걸으면서 시작하는 것이 좋다. 또한 걸음걸이를 바꾸는 것이 늦어져도 괜찮으니, 계속 대장만 보지 않도록 지도한다.

4 술래는 대장을 찾아 호명한다. 맞으면 놀이는 종료되고, 틀리면 또 다른 학생을 호명할 수 있다.

신체놀이 꿀팁

단, 호명할 기회는 3번으로, 그 안에 맞히지 못하거나 1분이 지나면 대장의 승리로 놀이는 종료된다. 대장을 호명하는 동안에도 멈추지 않고 걷기는 계속 진행된다. 대장을 찾거나 1분이 지나서 선생님이 종료를 알려 줄 때까지 놀이는 계속 진행된다는 점을 지도한다.

걸음 신호등

• 활동 장소 : 강당/운동장　　• 활동 인원 : 전체　　• 준비물 : 없음

이 활동은 신호등에 맞추어 정해진 걸음걸이로 걸으며 먼저 도착선을 통과하는 놀이입니다.

1 출발선과 도착선을 그려 모두 출발선에 서게 한 후, 1명의 술래를 정하고 다양한 걸음걸이 중 1가지를 선택하게 한다.

신체놀이 꿀팁

출발선은 모든 학생이 설 수 있도록 충분히 길게 그려 안전을 확보한다. 또한 다양한 걸음걸이가 적힌 종이를 준비하여 술래의 걸음걸이 선택을 도와주면 보다 원활한 놀이를 즐길 수 있다.

2 선택한 걸음걸이를 연습한 후 술래의 신호에 맞춰 놀이를 시작한다. '초록불'은 걷기, '빨간불'은 멈추기, '노란불'은 후진 신호로 정한다.

신체놀이 꿀팁

다양한 걸음걸이를 외우는 것이 어려울 수 있으므로, 꼭 모두 연습한 후 놀이를 진행한다. 처음엔 '초록'과 '빨강'으로만 진행하고, 충분히 숙달되면 '노랑'을 집어넣는다. '노란불'은 후진, 몸을 180도 돌린 채 걷기, 천천히 걷기 등 다양한 방식으로 활용할 수 있다.

3 술래는 신호와 다른 행동을 한 학생의 이름을 부르고, 이름이 불린 학생은 자리에 앉는다.

신체놀이 꿀팁

이름이 불린 학생을 놀이 공간 밖으로 빼지 않고 안에 있게 함으로써 모두 참여한다고 인식하게 할 수 있다.

4 도착선에 3명의 학생이 도착할 때까지 반복하고, 도착한 학생 중에서 다음 놀이의 술래를 정하여 처음부터 다시 시작한다.

신체놀이 꿀팁

다른 놀이와 달리 '걸음 신호등'은 술래가 진행자 역할을 하게 되어, 학생들에게 충분히 매력적으로 보일 수 있다. 그래서 가장 느리게 도착하거나 신호에 어긋난 학생을 술래로 지목할 경우, 놀이가 정상적으로 진행되지 않을 우려가 있다. 그래서 가장 일찍 도착한 3명의 학생 중에서 술래를 정하도록 한다.

산 너머 물 너머

• 활동 장소 : 교실　　• 활동 인원 : 전체　　• 준비물 : 숫자 원마커, 줄넘기

이 활동은 산의 좁은 비탈길과 물 위의 징검다리를 닮은 장애물 등 상대 모둠이 만든 장애물 코스를 더 빠르게 통과한 모둠이 승리하는 장애물 달리기 놀이입니다.

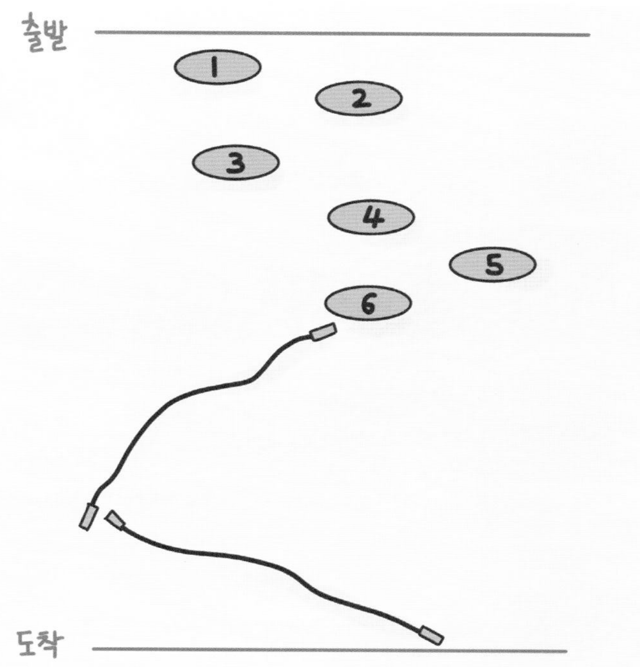

1 각 모둠은 원마커와 줄넘기로 상대 모둠이 통과할 장애물 코스를 만든다.

신체놀이 꿀팁

활동 전, 이웃한 숫자의 원마커끼리는 양팔 너비를 넘지 않게 놓도록 지도하면 적당한 난이도의 장애물 코스를 만들 수 있다. 가장 빨리 코스를 통과한 팀과 동시에 코스를 가장 잘 만든 팀도 뽑는다면 승부가 과열되는 것을 막고, 모두가 즐겁게 참여할 수 있는 장애물 코스를 만드는 데 도움이 된다.

2 첫 번째 주자부터 출발한다. 원마커 코스를 지날 때는 반드시 숫자 순서대로 이동해야 하고, 줄넘기 코스를 지날 때는 한 발 뛰기로 이동해야 한다.

신체놀이 꿀팁

학생들의 수준에 맞게 장애물 이동 규칙을 변형하여 활동할 수 있다. 장애물의 종류를 추가하는 것도 가능하다. 물 흐르는 소리, 산속 소리 등 자연의 소리를 배경음으로 틀어 주면 놀이에 더욱 몰입할 수 있다.

3 원마커 밖의 바닥에 발이 닿거나, 한 발 뛰기를 하는 도중 두 발이 모두 바닥에 닿으면 1번 원마커로 가서 다시 출발한다.

신체놀이 꿀팁

시작점으로 돌아가는 방향을 사전에 정하면 다른 모둠과의 충돌 사고를 방지할 수 있다. 앞 차례 주자가 도착지점을 넘어 자리에 앉아야 다음 주자가 출발할 수 있도록 하면 질서 있는 놀이 진행이 가능하다.

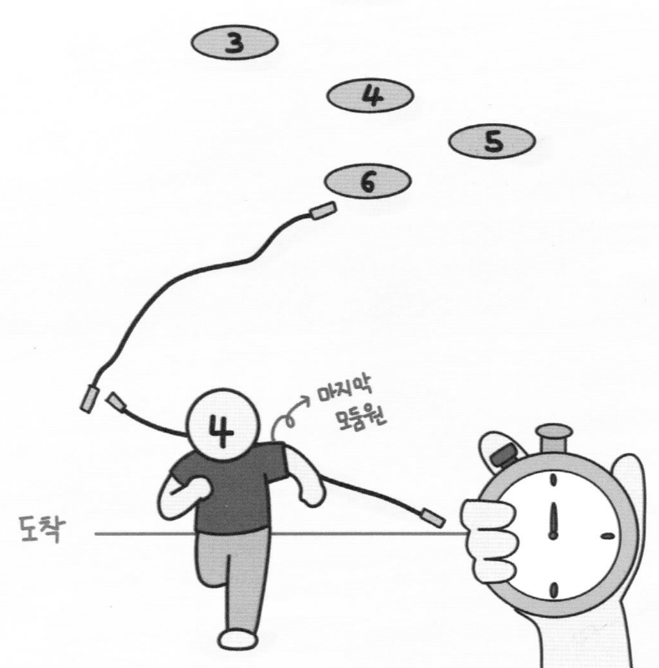

4 가장 빨리 모든 모둠원이 도착지점을 넘은 모둠이 승리한다.

신체놀이 꿀팁

공간이 좁아 모든 모둠의 장애물 코스를 한 공간에 둘 수 없는 경우, 한 모둠씩 경기를 진행할 수 있다. 모둠별 기록을 측정해 완주 기록이 가장 짧은 모둠이 승리하는 방식으로도 운영할 수 있다.

랜덤 주사위 달리기

- 활동 장소 : 강당/운동장
- 활동 인원 : 모둠
- 준비물 : 주사위, 라바콘, 점보스택스, 허들

이 활동은 주사위를 던져서 나온 숫자와 동일한 단계의 장애물을 넘어야 하는 릴레이 달리기 놀이입니다.

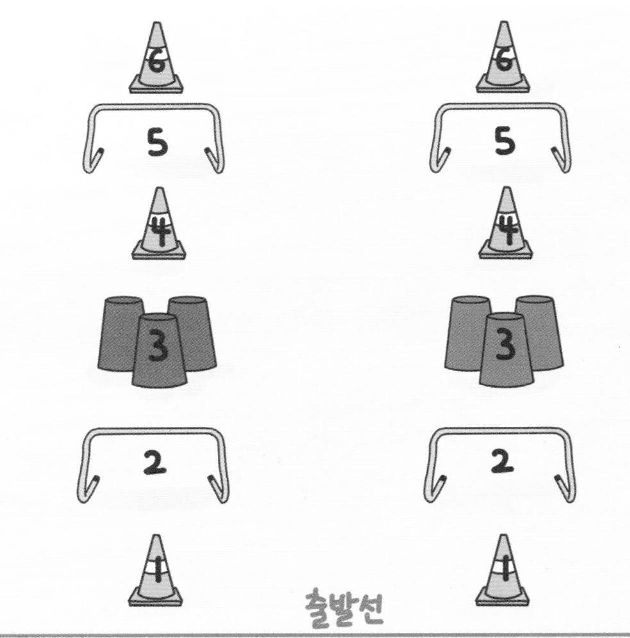

1 학급을 4~6명의 모둠으로 나눈다. 모둠별로 각 6개의 장애물을 출발선으로부터 일렬로 배치하고 출발선과 가까운 순서대로 단계 이름을 부여한다.

신체놀이 꿀팁

모둠을 구성할 때 운동 기능이 비슷한 학생들을 골고루 분산시키면 더욱 짜릿한 경기가 이루어질 수 있다. 또한 활동 전 장애물 사이의 간격을 충분히 확보한다

2 모둠별로 출발선 앞에 한 줄로 선다. 첫 번째 주자는 주사위를 던져 나온 숫자를 향해 달린다. 숫자는 주사위를 던진 학생이 넘어야 할 단계의 번호이다.

신체놀이 꿀팁

주사위를 던져 나오는 수에 따라 달려야 하는 거리와 넘어야 하는 장애물이 무작위로 정해지는 것이 묘미이므로 각 라운드 시작마다 장애물 위치를 바꾸는 것도 좋다.

3 각 단계의 장애물은 약속한 방법으로만 통과한다. 점보 스택스는 3층 탑을 쌓고 돌아오고, 허들은 넘어서 돌아오고, 라바콘은 뒤쪽으로 돌아 통과한다.

신체놀이 꿀팁

제시된 장애물 외에 선생님의 재량으로 다양한 장애물을 설치하거나 통과 방법을 바꾸어 진행할 수 있다.

4 마지막 주자가 가장 먼저 들어온 모둠이 승리한다.

신체놀이 꿀팁

운의 요소를 확대하고 싶다면 낮은 단계에서 통과하기 어려운 장애물을 두는 것을 추천한다. 모둠 기록 향상도에 따라 우승을 가리는 것도 좋다. 다른 모둠의 기록보다는 우리 모둠의 기록을 단축하기 위해 협동하게 되어 경쟁보다 화합에 초점을 둘 수 있다.

05

높이뛰기 · 멀리뛰기

놀이 1

무지개에 이름을 올려라

놀이 2

멀리 뛰는 개구리

무지개에 이름을 올려라

• **활동 장소 : 교실** • **활동 인원 : 전체** • **준비물 : 팀별 자석, 주사위**

이 활동은 자석을 무지개판(또는 선생님이 정한 칠판 구역)에 붙이고, 상대 팀은 이것을 떼어 옮겨 붙이는 놀이입니다.

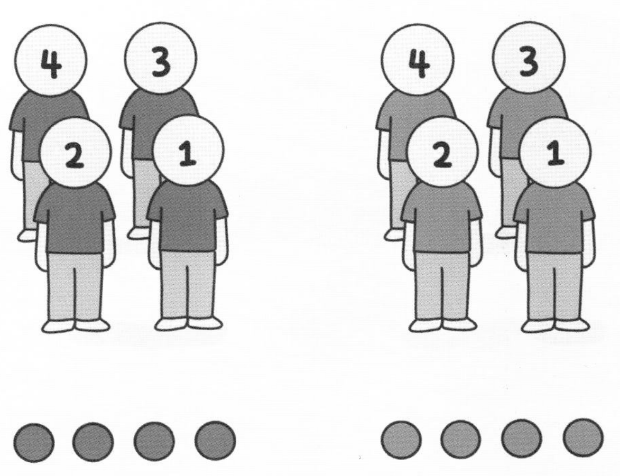

1 두 팀으로 나뉘어 팀별로 줄을 서고, 팀별 자석을 받는다.

신체놀이 꿀팁

팀을 나눌 때는 키가 큰 학생, 키가 작은 학생이 골고루 섞일 수 있도록 한다. 키가 큰 학생이 몰린 팀에게 유리할 수 있기 때문이다. 팀별 자석은 색을 다르게 하여 구분한다. 학급에 학생 이름 자석이 있는 경우에는 이를 활용해도 좋다.

2 가위바위보를 한 뒤 이긴 팀 학생부터 먼저 칠판 앞에서 차례로 높이 뛰어 무지개판에 자석을 붙인다.

신체놀이 꿀팁

무지개판은 색지를 빨-주-노-초 순서로 이어 붙인 판이다.

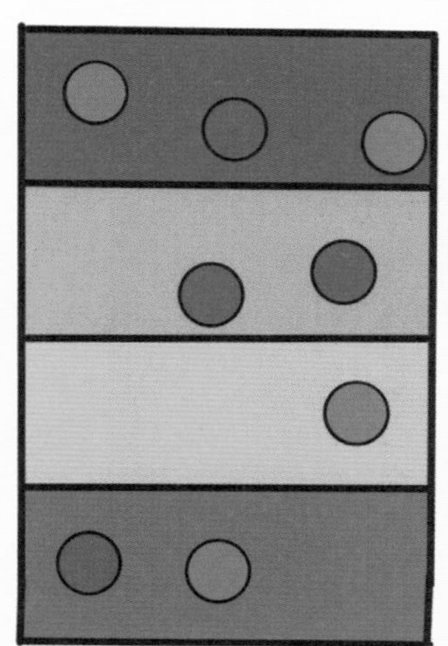

3 가위바위보에 진 팀도 순서대로 높이 뛰어 무지개판에 자석을 붙인다.

신체놀이 꿀팁

무지개판의 빨-주-노-초 순서대로 높은 곳에 있는 자석이 더 높은 점수를 얻는 것이 아니라, 놀이가 끝난 뒤 주사위를 굴려 랜덤으로 점수를 정한다.

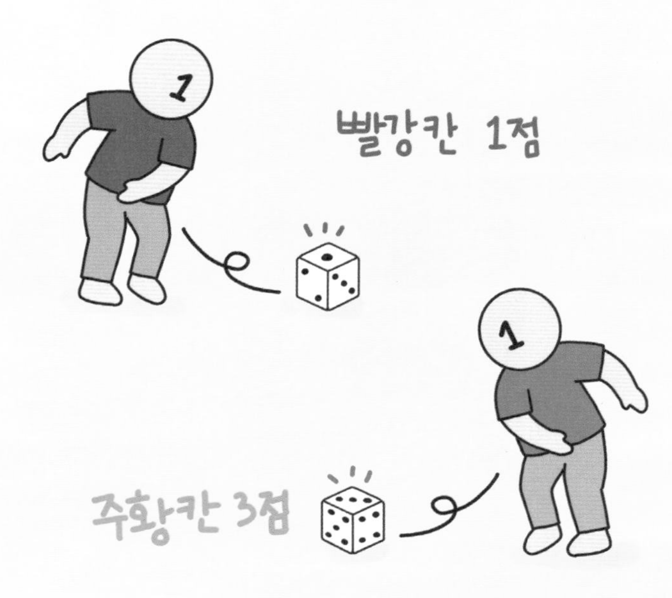

4 모든 학생이 한 번씩 자석을 붙인 뒤, 팀원 중 1명이 주사위를 굴려 각 색깔의 점수를 정하여 점수를 계산한다.

신체놀이 꿀팁

승패가 결정되면 무지개판에 붙어 있는 자석을 하나씩 떼어서 다른 칸으로 옮기며 놀이를 반복한다. 한 번 뗐던 자석도 다시 떼서 붙일 수 있다.

멀리 뛰는 개구리들

• 활동 장소 : 강당/운동장 • 활동 인원 : 전체
• 준비물 : 스펀지 막대 1개, 주사위 1개, 고깔 2개

이 활동은 주사위에서 나온 숫자만큼 멀리뛰기를 하여 상대방 구역에 먼저 도착하는 팀이 승리하는 놀이입니다.

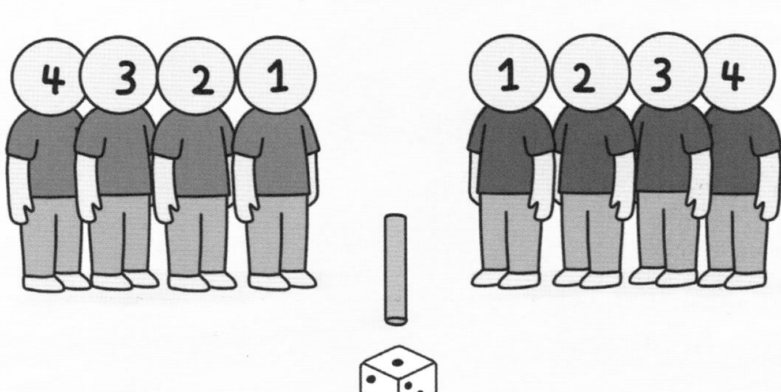

1 펀스틱을 가운데 두고 두 팀으로 나뉘어 선 후 경기장 양 끝에 넓은 간격으로 고깔을 설치한다.

신체놀이 꿀팁

학생 수가 많으면 참여 기회가 적을 수 있으므로 학생 수를 반으로 나누어 놀이를 진행하면 좋다.

2 양 팀 맨 앞의 학생이 가위바위보를 하여 순서를 정하고, 이긴 팀에서 먼저 주사위를 굴린다.

신체놀이 꿀팁

맨 앞의 학생이 가위바위보와 주사위 굴리기를 모두 한다.

3 주사위를 굴려 나온 숫자만큼 맨 앞사람이 상대 팀의 고깔 방향으로 멀리뛰기를 하고, 펀스틱의 위치를 옮긴 뒤 자신의 팀 맨 뒤로 간다.

신체놀이 꿀팁

학생들의 수준에 따라 양발 멀리뛰기, 한 발 멀리뛰기를 진행한다. 펀스틱의 위치는 발끝 앞으로 하여 통일하는 것이 좋다. 멀리뛰기 시작점을 펀스틱으로 정하고, 멀리뛰기를 할 때 상대 팀은 옆으로 비켜 주도록 한다.

4 상대 팀 학생도 같은 방법으로 주사위를 던지고 반대 방향으로 멀리뛰기를 한 뒤 펀스틱을 옮긴다.

신체놀이 꿀팁

펀스틱을 옮길 때는 팀원 중 1명이 대신 옮겨 주는 것이 좋다.

5 상대 팀 쪽 고깔에 먼저 도착하는 팀이 승리한다.

신체놀이 꿀팁

팀의 모든 학생에게 순서가 돌아가기 전에 고깔에 너무 빨리 도착하는 경우, 주사위에 '-2'와 같이 뒤로 이동하는 숫자를 넣어 진행 속도를 조절할 수 있다.

06

던지기 · 치기 · 차기

놀이 1

풍선 맞추기

놀이 2

풍선치기 경주

풍선 맞추기 놀이

• 활동 장소 : 교실　• 활동 인원 : 전체(네 팀)　• 준비물 : 라켓, 풍선, 훌라후프

이 활동은 학생들을 네 팀으로 나누고, 풍선을 라켓으로 쳐서 훌라후프에 넣으면 다음 사람이 이어받는 릴레이 풍선 넣기 놀이입니다.

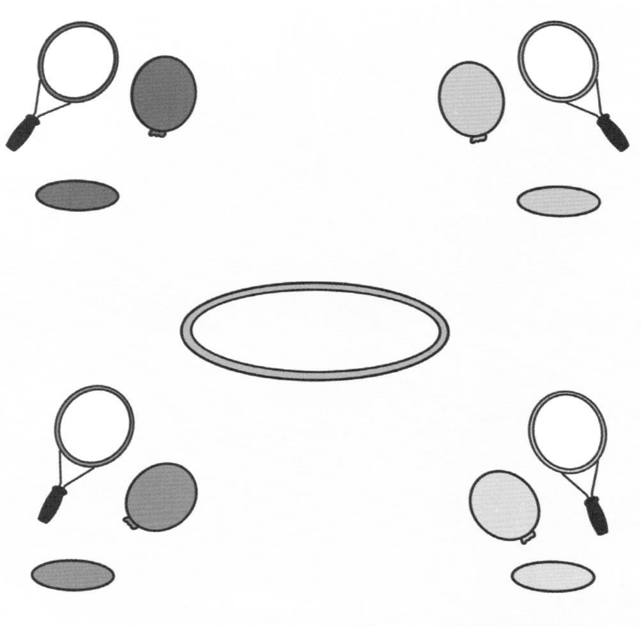

1 교실을 비우고, 라켓 4개와 공기를 주입한 풍선 4개를 준비한다. 훌라후프 1개는 교실 가운데에 두고, 학생들은 네 팀으로 나뉘어 가장자리에서 대기한다.

신체놀이 꿀팁

배드민턴 라켓보다는 라켓룬 라켓이 좀 더 적합하다. 풍선은 너무 크게 불면 터질 위험이 있고, 표적에 맞추기가 어려우므로 풍선 부는 도구 기준 5회 정도 바람을 넣으면 좋다. 풍선 대신 라켓룬 털공을 사용해도 된다. 이 경우 난이도가 쉬워지므로, 표적을 좀 더 멀리 두면 된다.

2 각 가장자리에서 1명씩 나와 출발 표시선에 서서 라켓으로 풍선을 맞춰 훌라후프 원 안에 들어가도록 한다.

신체놀이 꿀팁

풍선이 훌라후프 원 안에 들어갔다가 튕겨 나오는 경우에도 성공으로 인정한다. 풍선이 가벼워 바람의 영향을 많이 받으므로, 창문은 닫고 선풍기를 틀지 않는 것이 좋다.

3 성공하면 다음 사람에게 풍선과 라켓을 넘겨주고 뒤로 가서 앉는다. 다음 사람이 이어서 도전한다.

신체놀이 꿀팁

릴레이 형식이지만, 1명이 계속 실패하는 경우 아이들이 원망하거나 지나친 부담을 줄 수 있다. 그러므로 더 빨리 마치는 팀이 승리하기보다는, 가장 질서를 잘 지키고 친구를 진심으로 응원해 주는 팀이 승리한다는 것을 강조하면 좋다. 경쟁 요소는 최소화한다.

4 모든 팀원이 성공하면 다 같이 처음 자리로 돌아와 앉는다. 반복하여 다음 라운드에 도전한다.

신체놀이 꿀팁

팀별로 인원이 다른 경우에는 1명 적은 팀에서 1명이 한 번 더 하도록 해도 좋다. 난이도를 높여 다시 할 때는 거리를 늘리거나, 풍선을 머리 위로 한 번 띄운 뒤 내려오는 풍선을 쳐서 표적에 넣는 것으로 변형해서 진행한다.

풍선치기 경주

• 활동 장소 : 강당/운동장 • 활동 인원 : 전체(네 팀) • 준비물 : 풍선, 라켓, 고깔

이 활동은 라켓으로 풍선을 치며 고깔을 돌아 다음 사람에게 패스하는 릴레이 형식의 놀이입니다.

풍선치기 경주 활동 방법

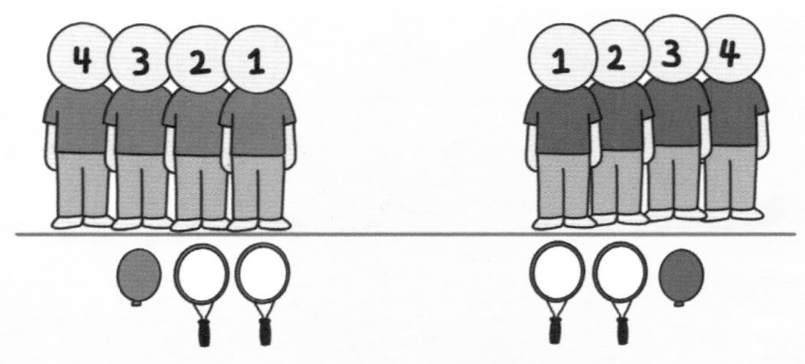

1 네 팀으로 나뉘어 한 줄씩 서거나 앉는다. 팀별로 풍선 1개와 라켓 2개를 배부하고, 고깔로 출발선과 돌아오는 지점을 표시한다.

신체놀이 꿀팁

네 팀으로 구성하기 어렵다면 두세 팀 또한 가능하다. 단, 너무 많은 사람이 한 번에 달리면 혼란스러울 수 있으니 다섯 팀 이상이면 반으로 나누어 경기를 지켜보다가 참여하도록 한다. 경주 거리는 10m 정도가 적절하나, 수준별로 다르게 할 수 있다.

2 팀별로 각 1명씩 출발선에 서서 라켓을 들고 풍선을 치면서 출발한다. 풍선을 떨어뜨리지 않도록 계속 라켓으로 치면서 고깔까지 갔다가 돌아온다.

신체놀이 꿀팁

풍선치기 단원 교과서에 있는 '혼자 치기 연습'과 '둘이 주고받기' 연습이 선행되면 좋다. 가만히 치는 것보다 앞으로 전진하면서 떨어뜨리지 않기가 더 어려우므로, 여러 번 연습 경기를 통해 익숙해지도록 한다.

3 고깔을 돌아서 출발선으로 돌아오면, 다음 사람에게 풍선을 패스하고, 다음 사람은 라켓으로 받은 후 출발한다. 라켓은 그다음 사람에게 건네고 맨 뒤로 간다.

신체놀이 꿀팁

패스에 실패하면 앞사람이 주워서 다시 패스한다. 패스가 중요 요소이므로, 생략하지 말고 꼭 라켓으로 풍선을 받아서 출발하도록 한다. 난이도를 높이고 싶다면 친구와 주고받기 3회(뒷사람이 받고, 주고, 다시 받기) 후 전진하는 것으로 변형한다.

4 중간에 풍선을 떨어뜨리면 주워서 그곳부터 이어서 진행한다. 모든 주자가 고깔을 돌아 먼저 도착한 팀이 승리한다.

신체놀이 꿀팁

고학년이라면 풍선을 떨어뜨리면 출발선으로 돌아가도록 할 수 있지만, 저학년의 경우는 그 자리에서 이어서 하도록 하는 것이 좋다. 포기하지 않도록 계속 응원해 주도록 한다.

2부

자연

단원 설명

통합교과서의 '자연' 단원은 우리가 살아가는 환경을 탐색하고, 자연과 조화를 이루며 살아가는 태도를 배우는 데 중점을 둡니다. 아이들은 자연의 변화와 특징을 이해하고, 자연 속에서 놀이하며 환경을 소중히 여기는 마음을 기릅니다. 따라서 이 책에서는 자연의 요소를 활용한 신체활동을 통해 아이들이 자연을 직접 체험하고, 몸으로 자연을 느낄 수 있도록 했습니다. 동물의 움직임을 따라 몸을 움직이는 '나처럼 뛰어라 이렇게!', 좋아하는 과일을 탐색하는 '미션 과일바구니' 등의 활동을 통해 자연 속에서 움직이는 즐거움을 경험할 수 있도록 했습니다. 또한 '낙하산 과일바구니'에서는 낙하산을 이용하여 빙빙 돌기와 잔물결, 파도, 부풀리기, 점점 큰 파도 만들기 등 자연에서 볼 수 있는 움직임을 창의적으로 만들어 보는 기회를 제공합니다.

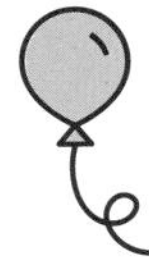

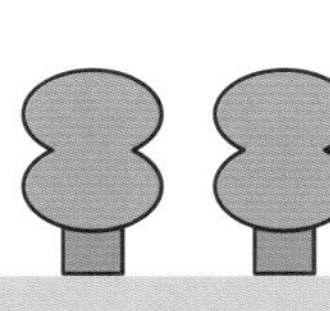

기본 움직임 요소	교실 놀이	강당이나 운동장 놀이
기본동작 모이기	폭탄 돌리기	공 폭탄 피하기
몸풀기	미션 과일바구니	낙하산 과일바구니
밀기 당기기 균형잡기	균형 잡아 풍선 옮기기	휴게소 한 발 술래잡기
	한 발 펀스틱 치기	
매달리기		100칸 매달리기
		순간 포착 미러링
걷기 달리기	지키자 강강술래	돌고 또 돌고
높이뛰기 멀리뛰기	나처럼 뛰어라 이렇게!	동물 흉내 피구
던지기 치기 차기	바운드볼	던달볼

기본동작 · 모이기

놀이 1

폭탄 돌리기

놀이 2

공 폭탄 피하기

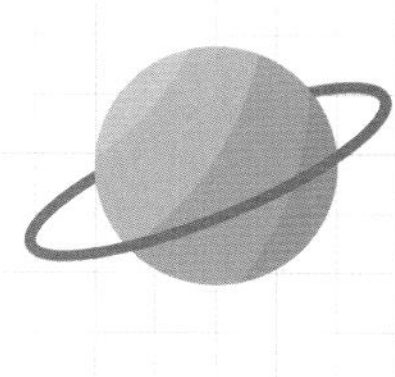

폭탄 돌리기

• 활동 장소 : 교실　• 활동 인원 : 전체　• 준비물 : 가벼운 공(솜털공 추천)

이 활동은 학급 전체가 둥그렇게 원으로 모여 서로의 이름을 부르며 공을 전달하다 제한 시간이 끝났을 때 공을 전달받은 학생이 벌칙을 수행하는 놀이입니다.

1 학급 학생 모두 둥그렇게 원을 만들어 앉고, 술래는 가운데 공을 가지고 선다.

신체놀이 꿀팁

술래를 제외한 학급 학생 전체가 하나의 큰 원을 만들어 앉아야 한다. 이때 가능하다면 남-여-남-여 순서로 성별이 고루 섞이게 배치하면 좋다. 그리고 선생님은 '폭탄 돌리기' 제한 시간을 타이머로 설정한다(2분이나 3분 추천). 또는 신나는 동요 한 곡을 배경음악으로 준비하여 그 동요가 끝나는 시점을 제한 시간으로 설정해도 좋다.

2 술래는 친구의 이름을 부르며 공을 전달하고 그 자리에 앉는다(이성끼리만 전달). 나머지 학생들은 친구의 이름을 다 같이 외쳐 준다.

신체놀이 꿀팁

술래는 원 안에서 자유롭게 돌아다니다가 공을 전달하고 싶은 친구 앞에 서서 친구의 이름을 크게 외치며 공을 전달한다. 나머지 학생들도 공을 전달받은 친구의 이름을 다 같이 외쳐 준다. 어느 정도 서로의 이름을 익힌 후에 하면 더 재미있는 놀이로, 이름을 익히기 전이라면 가슴팍에 이름표를 단 채로 진행해도 된다.

3 제한 시간이 지났을 때, 공을 가지고 있는 학생의 공은 폭탄이 되어 뻥! 터진다.

신체놀이 꿀팁

자신에게 공을 전달한 친구에게 또다시 공을 전달할 수 없다(주고받기 금지). 신나게 정신없이 공을 전달하다 보면 어느새 제한 시간에 가까워진다. 타이머 알람이 울리거나 선생님이 종료 신호를 울렸을 때 공을 가지고 있는 학생의 공은 폭탄이 되어 뻥! 터진다. 만약 애매하게 공을 전달하는 과정에서 알람이 울렸다면, 공을 전달받기로 한 사람에게 공이 넘어가도록 한다.

4 폭탄이 터진 친구는 미션을 수행한다. 미션이 끝나면 새로운 술래가 되어 다시 시작한다.

신체놀이 꿀팁

폭탄 공을 가지게 된 친구는 미션을 수행한다. 미션의 예로는 코끼리 코 3바퀴, 팔 벌려 뛰기 5회, 팔꿈치로 자기 이름 쓰기 등이 있다. 쑥스러움을 많이 타는 학생이라면 공을 머리 위로 들고 한 바퀴 뛰기처럼 부담 없는 벌칙으로 바꾸어 제시해 주면 좋다.

공 폭탄 피하기

• 활동 장소 : 강당/운동장　　• 활동 인원 : 전체　　• 준비물 : 공

이 활동은 술래들이 공이라는 폭탄을 가지고 모여서 서로 전달하는 방법을 이용하는 영역형 술래잡기 놀이입니다.

1 밭 전(田) 모양으로 구역을 구분하고 술래 4명을 정한다.

신체놀이 꿀팁

교실에서 활동할 경우에는 교실을 4등분하고, 운동장에서 진행할 경우에는 교실 정도 크기의 밭 전(田)을 그려 준다.

2 술래는 1명씩 각 구역 안을 맡고 나머지 학생들은 자유롭게 영역 안을 돌아다닌다.

신체놀이 꿀팁

술래는 자신의 영역을 벗어날 수 없기 때문에, 폭탄을 잘 주고받기 위해 최대한 가운데(+)에 모여서 공을 주고받게 한다.

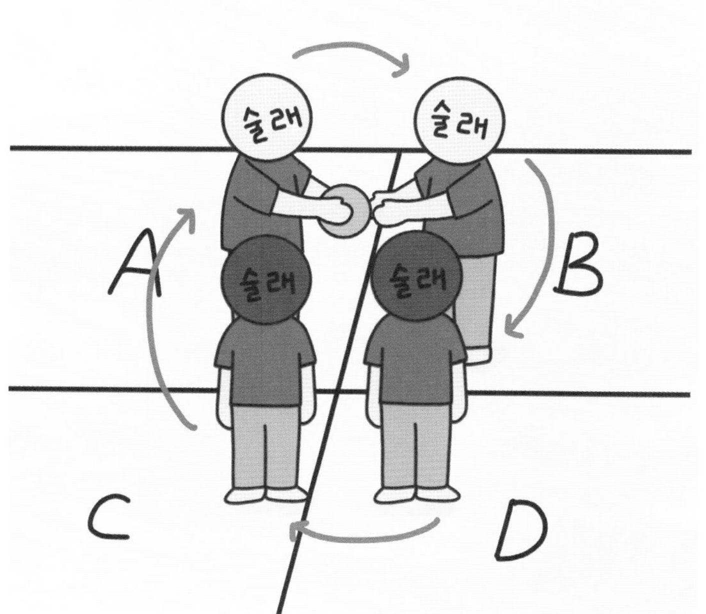

3 술래들은 +(밭 전 모양 중앙 구역)에 모여 서로 공(폭탄)을 주고받는다.

신체놀이 꿀팁

나머지 사람들은 폭탄의 위치를 파악하여 폭탄이 없는 영역으로 계속 도망을 다녀야 한다.

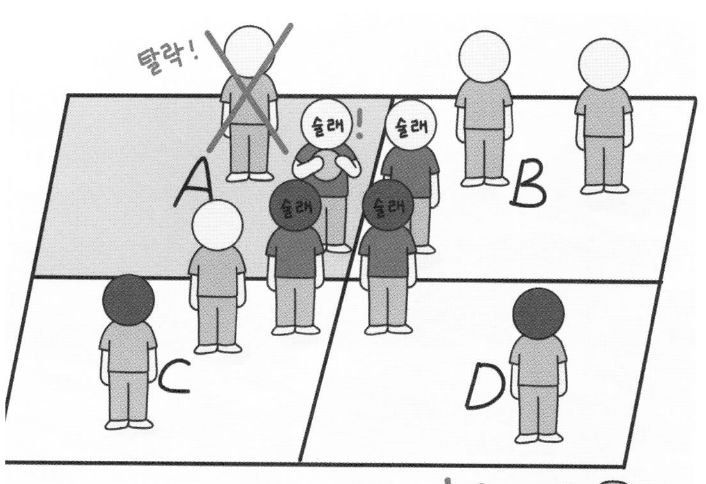

4 시간이 지나 폭탄이 터지면 폭탄이 있는 구역에 있는 학생들은 목숨을 잃는다.

신체놀이 꿀팁

제한 시간이 지났을 때 공이 있는 영역 안의 학생들에게 스티커를 이용해 점수를 부과하는 방법으로 놀이를 변형해 진행할 수 있다.

02

몸풀기

놀이 1

미션 과일바구니

놀이 2

낙하산 과일바구니

미션 과일바구니

• 활동 장소 : 교실 • 활동 인원 : 전체 • 준비물 : 의자

이 활동은 각자 과일을 정하고 술래가 부르는 과일인 학생들이 움직여 자리를 바꾸는 과정에서 미리 정해 놓은 미션을 수행하는 놀이입니다.

1 술래 1한 명은 가운데 서고 나머지 학생들은 동그랗게 앉는다.

신체놀이 꿀팁

처음에는 선생님이 시범을 보이며 함께 해도 좋다. 술래는 돌아가면서 하기 때문에 간단한 놀이(텔레파시 가위바위보, 뽑기 등)를 통해 정하면 된다.

2 앉아 있는 학생들은 각각 자신들이 맡을 과일을 정한다.

신체놀이 꿀팁

선생님이 돌아다니면서 친구들을 보며 "포도, 딸기, 사과, 배"라고 알려준다. 이때 자기가 맡은 과일을 잘 모르는 학생들이 있을 수 있기 때문에 "사과 손 들어 보세요. 포도 손 들어 보세요"로 꼭 확인하는 과정이 필요하다.

3 술래가 원하는 과일을 부른다.

신체놀이 꿀팁

처음에는 적응을 위해 1가지 과일을 부르고 적응이 된 후에는 2~3가지 과일을 부를 수 있다. 이때 학생들이 과일 자체를 잊었을 수 있기 때문에 꼭 칠판에 과일 이름을 써 놓고 시작하는 것이 좋다. 술래가 "과일바구니"를 외치면 모든 친구가 움직여야 한다.

4 불린 과일들은 미션을 수행하며 다른 자리로 이동한다.

신체놀이 꿀팁

이동 전에 안전을 위한 약속이 필요하다. 뛰지 않고 의자를 잡고 부딪히지 않도록 조심히 앉아야 한다. 학생들과 이야기를 나누어 약속을 정해 진행하면 안전하게 놀이를 즐길 수 있다. 바로 옆자리로는 이동이 불가능하다. 미션은 다양하게 정할 수 있다.

5 미션을 수행하지 못하거나 자리에 앉지 못한 학생은 다음 술래가 된다.

신체놀이 꿀팁

미션을 수행하지 못한 사람이 여러 명이면 가위바위보로 술래를 정해 빠르게 다음 놀이를 진행한다. 자리에 앉지 못한 사람이 술래가 되므로 술래가 되고 싶은 학생이 일부러 자리를 보고도 앉지 않거나 미션을 수행하지 않기도 한다. 이럴 경우 연속해서 술래를 할 수 없다거나, 술래의 총 횟수를 제한하는 규칙을 만들 수 있다.

낙하산 과일바구니

• 활동 장소 : 운동장　　• 활동 인원 : 전체　　• 준비물 : 낙하산

이 활동은 커다란 낙하산을 이용해 선생님이 부르는 과일인 학생들이 움직여 자리를 바꾸는 협동형 놀이입니다.

1 학생들이 낙하산 주위로 동그랗게 서서 낙하산을 쥔다.

신체놀이 꿀팁

학생들 간의 간격이 너무 좁지 않도록 낙하산 크기에 맞게 학생 수를 적절히 조절한다. 손잡이가 없는 부분에 설 때는 낙하산을 둘둘 말아서 쥐게 한다.

2 낙하산을 이용해 잔물결, 크게 펄럭이기 등 움직임을 연습한다.

신체놀이 꿀팁

낙하산 활동을 처음 하는 학생들이 낙하산에 익숙해질 수 있도록 여러 가지 기본 움직임을 연습한다. 예를 들면 빙빙 돌기, 잔물결, 파도, 부풀리기, 부풀리기 경쟁, 날리기, 점점 큰 파도 만들기, 언더핸드 그립으로 잡고 한 발을 앞에 두고 중심을 뒤로 하여 당기기 등이 있다.

3 선생님은 사과, 딸기, 포도 등으로 학생들이 맡을 과일을 정해 준다.

신체놀이 꿀팁

과일을 다른 종류로 변형하거나 비빔밥 재료, 나라 이름, 색깔, 계절 등으로 다양하게 바꿀 수 있다. 학생들이 자신이 맡은 과일이 무엇인지 정확히 기억할 수 있도록 한 바퀴 돌며 스스로 맡은 역할을 외치게 한다.

4 선생님이 외치는 과일을 맡은 학생들은 낙하산 아래로 이동해 자리를 바꾼다.

신체놀이 꿀팁

선생님이 "딸기"를 외치면 딸기를 제외한 친구들은 최대한 낙하산을 크게 부풀려야 한다. 그동안 딸기를 맡은 친구들은 낙하산 밑으로 지나가 다른 자리에 위치한다. 기존 과일바구니 놀이처럼 과일 이름 2개를 동시에 외치거나, "과일바구니"를 외치면 낙하산을 유지하기 힘드니 과일 이름 1개만 외치는 것을 추천한다.

03 밀기 · 당기기 · 균형잡기

놀이 1

균형 잡아 풍선 옮기기

놀이 2

휴게소 한 발 술래잡기

놀이 2

한 발 펀스틱 치기

균형 잡아 풍선 옮기기

• 활동 장소 : 교실   • 활동 인원 : 전체   • 준비물 : 풍선, 콘

이 활동은 손바닥 위에 풍선을 올려 이동하며 균형잡기 연습을 할 수 있는 놀이입니다.

1 두 팀으로 나뉘어 팀별로 일렬로 선 후 첫 번째 주자의 손바닥 위에 풍선을 올린다.

신체놀이 꿀팁

학생들이 선 줄의 반대편 끝에 반환점 역할을 하는 콘을 세워 둔다. 이때 학생들과 콘의 거리는 학급 수준에 따라 적절히 조정할 수 있다.

2 선생님이 미션 동작을 말하면 주자는 풍선이 떨어지지 않도록 균형을 잡고 해당 동작을 수행하며 반환점을 돌아온다.

신체놀이 꿀팁

선생님은 회전하기, 앉았다 일어나기, 한 발 들었다 내리기 등의 균형잡기 기능과 관련된 다양한 미션 동작을 제시할 수 있다. 주자의 레이스 중 미션 동작을 바꾸며 변화를 주어도 좋다. 도중에 풍선을 떨어뜨리면 공을 주워 멈췄던 장소에서 다시 시작한다.

3 다음 주자는 풍선을 건네받고 다시 균형을 잡으며 반환점을 돌아온다.

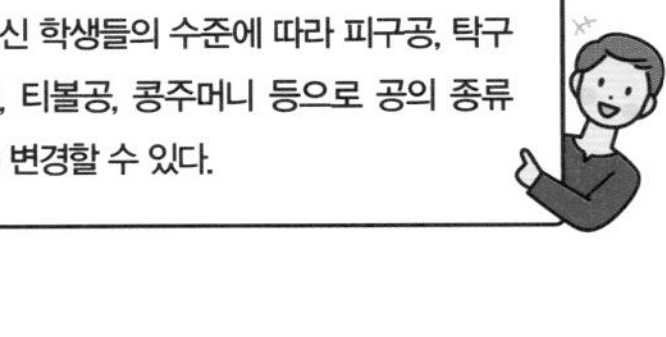

신체놀이 꿀팁

건네주는 풍선이 배턴 역할을 한다. 풍선 대신 학생들의 수준에 따라 피구공, 탁구공, 티볼공, 콩주머니 등으로 공의 종류를 변경할 수 있다.

4 마지막 주자가 먼저 돌아오는 팀이 승리한다.

신체놀이 꿀팁

팀 대항전 외에도 반 전체 학생이 돌아오는 데 걸리는 시간을 측정해 기록을 단축하는 방법으로도 놀이를 진행할 수 있다.

휴게소 한 발 술래잡기

• 활동 장소 : 운동장/강당

• 활동 인원 : 전체

• 준비물 : 훌라후프, 펀스틱, 팀조끼

이 활동은 한 발 뛰기로 술래를 피하며 균형잡기 연습을 할 수 있는 놀이입니다.

휴게소 한 발 술래잡기 활동 방법

1 훌라후프를 바닥에 깔아 두고 학생 수에 따라 적당한 수의 술래를 정한다.

신체놀이 꿀팁

처음에는 훌라후프를 학급 학생 수의 1/4 정도로 깔아 두고 시작한다. 놀이가 진행됨에 따라 훌라후프 수를 줄이면 학생들의 움직임을 더욱 활성화할 수 있다. 술래의 수는 학급 학생 수와 수준에 따라 적절히 조정할 수 있다.

2 학생들은 한 발 뛰기로 도망을 다닌다. 술래도 한 발로 뛰며 펀스틱으로 도망자를 잡는다. 술래에게 잡히면 역할을 교대한다.

신체놀이 꿀팁

균형잡기 연습을 하기 위한 놀이이기 때문에 반드시 한 발로만 뛸 수 있다. 만약 술래가 두 발로 서서 도망자를 잡는다면 무효로 한다. 단, 학생 수준에 따라 술래가 도망자를 잡는 순간에는 두 발로 잡도록 허용할 수 있다.

3 도망자들은 훌라후프 안에 들어가면 두 발로 설 수 있으며, 술래는 훌라후프 안 도망자를 잡을 수 없다.

신체놀이 꿀팁

훌라후프는 휴게소(안전지대)의 역할을 한다. 훌라후프 안에는 반드시 1명만 들어갈 수 있으며, 머무를 수 있는 시간에 따로 제한은 없다. 많은 학생이 훌라후프 안에 들어가 있어 경기 진행이 더디다면, 선생님이 훌라후프를 중간에 몇 개 제거해 놀이를 운영할 수 있다.

4 훌라후프에 새로운 도망자가 "나가"를 외치며 들어오면 기존 도망자는 무조건 나가야 한다.

신체놀이 꿀팁

술래가 훌라후프 바로 옆에 서서 기다리다가 나오는 도망자를 잡지 않도록 술래는 한 군데 서서 기다릴 수 없음을 놀이 시작 전에 미리 안내한다. 또한 방금 밀려 나온 훌라후프에 바로 다시 들어갈 수 없다. 즉 동일한 훌라후프에 연속으로 들어갈 수 없다.

한 발 펀스틱 치기

• **활동 장소 : 교실**　　• **활동 인원 : 전체**　　• **준비물 : 펀스틱, 팀조끼**

이 활동은 한 발 서기로 술래를 피하고 술래도 한 발 서기로 도망자를 잡으며 균형잡기 연습을 할 수 있는 놀이입니다.

1 펀스틱을 든 술래와 나머지 학생들은 경기장 반대편 멀리 마주 선다.

신체놀이 꿀팁

처음에는 술래 1명으로 시작한다. 놀이를 진행하며 학생들이 규칙을 정확히 익히면 술래 수를 늘릴 수 있다.

2 술래가 "n걸음"을 외치면 모두 그 걸음 수만큼만 이동한다. 도착한 곳에서는 모두 한 발로 균형을 잡고 서 있는다.

신체놀이 꿀팁

술래가 말하는 걸음 수만큼만 이동할 수 있다. 술래가 여러 명이면 외치는 순서를 정해 모두에게 기회가 갈 수 있도록 한다. 술래와 도망자 모두 한 발 서기를 해야 한다.

3 술래는 손에 든 펀스틱으로 도망자를 태그한다. 술래에게 태그되면 술래와 역할을 교대한다.

신체놀이 꿀팁

술래는 한 발 서기 한 상태로 펀스틱을 이용해 도망자를 태그한다. 나머지 도망자들도 태그를 피하면서 한 발 서기를 유지해야 한다. 단, 학생 수준에 따라 술래가 태그할 때 균형잡기에 어려움을 겪는다면 태그하는 순간에만 두 발 서기를 허용하는 것도 가능하다.

4 만약 한 발 서기를 하다 균형을 잃으면 미리 정한 미션을 수행한 후 다시 놀이에 참여한다.

신체놀이 꿀팁

놀이 시작 전에 게다리춤, 점프, 스쿼트 등으로 미션을 미리 정한다. 균형잡기에 실패하면 미리 정한 미션을 수행하고, 다시 한 발 서기를 하며 놀이에 참여한다.

매달리기

놀이 1

100칸 매달리기

놀이 2

순간 포착 미러링

100칸 매달리기

• 활동 장소 : 운동장　　• 활동 인원 : 전체　　• 준비물 : 철봉, 100칸 종이

이 활동은 정해진 시간 동안 100칸 종이의 칸을 최대한 많이 채우며 팀원들과 협력하여 철봉에서 오래 매달리기 대결을 하는 놀이입니다.

1 팀을 구성하여 팀장 1명을 뽑고 나머지 팀원들의 순서를 정한다.

신체놀이 꿀팁

학교에 있는 철봉 개수를 감안하여 팀을 구성한 후 발로 가위바위보를 해서 팀장을 뽑고 팀원들의 순서를 정한다. 스텝박스 등을 미리 준비해 두고 철봉 높이에 따른 난이도로 팀을 나누어 진행해도 좋다.

2 팀원들이 철봉에 매달려 있는 동안 팀장은 ×표를 치며 100칸을 채워 나간다.

신체놀이 꿀팁

한 사람이 혼자 너무 오래 매달려 다른 친구들이 놀이에 참여할 기회가 줄지 않도록 한 사람이 매달렸을 때 최대로 채울 수 있는 칸을 제한하는 규칙을 추가해도 좋다. 예를 들어 10칸으로 제한한다면 매달리다 떨어지지 않아도 팀장이 "10칸"을 외치면 내려오고 다음 순서 팀원이 철봉에 매달린다.

3 팀장은 팀원이 철봉에 매달려 있는 동안에만 ×표를 칠 수 있다.

신체놀이 꿀팁

팀장은 1번 팀원이 매달려 있는 동안 계속 ×표를 치다가 1번 팀원이 떨어지면 ×표 치기를 멈춘다. 이어서 2번 팀원이 철봉에 매달리면 팀장은 다시 ×표를 치면서 100칸을 채워 나간다. 팀원들이 순서를 바꿀 때 하이파이브를 하는 등 역할이 바뀜을 서로 확인할 수 있게 한다.

4 마지막 팀원이 철봉에서 떨어지면 팀장을 바꾸어 놀이를 반복한다.

신체놀이 꿀팁

팀장과 팀원의 구분 없이 팀원 모두가 역할을 번갈아 수행해도 좋다. 예를 들어 한 팀이 4명이면, 1번이 매달린 동안 2번이 ×표를 친다. 1번이 떨어지면 2번은 자기가 갖고 있던 100칸 종이를 3번에게 배턴처럼 전달하고 철봉으로 간다. 2번이 매달린 동안 3번이 ×표를 치고, 3번이 매달린 동안 4번이, 4번이 매달리면 1번이 ×표를 친다.

순간 포착 미러링

• 활동 장소 : 운동장 • 활동 인원 : 전체 • 준비물 : 구름사다리 혹은 철봉

이 활동은 짝 활동으로 자신만의 동작을 철봉에 매달려 수행하면 짝이 똑같이 따라 하는 놀이입니다.

순간 포착 미러링 활동 방법

1 친구와 짝을 이루어 하나의 철봉 앞에 서고, 선생님의 신호를 기다리며 순번을 정한다.

신체놀이 꿀팁

2인 1조로 구성하고 인원을 절반으로 나누어 2개의 철봉에 위치시킨다. 예를 들어 20명이라고 가정하면, 총 10명인 5개 조가 하나의 철봉 앞에 선다. 선생님은 학생들에게 신호를 줄 때, "순간 포착!"이라고 외쳐 주면 된다.

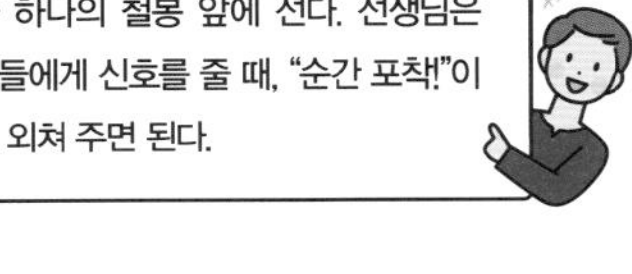

2 선생님의 신호, 즉 "순간 포착!"에 따라 1번 학생이 생각해 놓은 신체 동작을 짝(2번 학생)에게 보여 준다.

순간 포착!

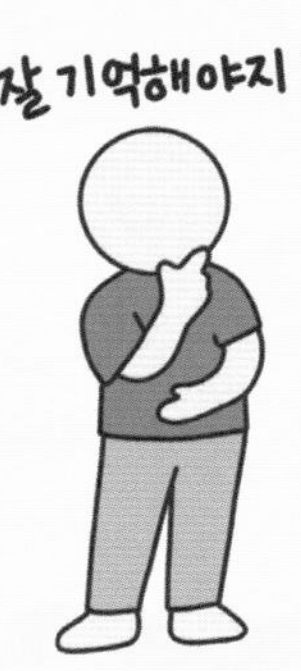

신체놀이 꿀팁

선생님이 '순간 포착'의 신호를 주면, 짝 중 1명이 철봉에 매달려 자신이 생각한 표정, 행동 등을 다른 짝에게 보여 준다(철봉 대신 구름사다리를 이용해도 된다). '순간 포착'의 신호가 들리면 가급적 몸이 흔들리지 않게 하도록 하고 너무 어려운 동작을 하지 않도록 학생들에게 미리 안내해 준다.

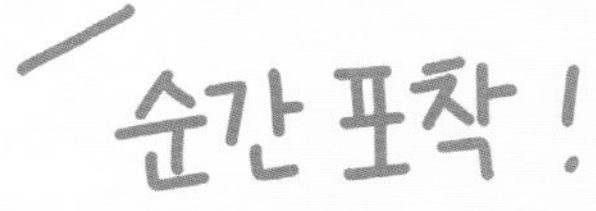

3 2번 학생은 외운 신체 동작을 선생님의 신호("순간 포착!")에 따라 수행하여 짝(1번 학생)에게 보여 주고 확인받는다.

신체놀이 꿀팁

만약 동작이 틀렸다면 몇 번의 기회를 더 준다. 그래도 동작을 따라 하지 못할 경우 1번 학생은 철봉에서 취했던 자세를 한 번 더 그대로 보여 주고, 철봉에 매달린 2번 학생은 1번 학생의 동작을 보고 따라 한다.

05

걷기·달리기

놀이 1

지키자 강강술래

놀이 2

돌고 또 돌고

지키자 강강술래

• 활동 장소 : 교실　• 활동 인원 : 두 팀 경쟁　• 준비물 : 초시계, 라바콘, 펀스틱

이 활동은 강강술래 대형을 이용해 체력 향상을 할 수 있는 달리기 놀이입니다.

1 두 팀으로 나뉘어 공격팀, 수비팀을 정한다.

신체놀이 꿀팁

각 팀의 성비가 맞을수록 좋다.

2 공격팀은 도망자를 잡는 술래를 정하고 수비팀은 도망자와 함께 손을 잡아 콘을 중앙에 두고 강강술래 대형을 만든다.

신체놀이 꿀팁

공수교대를 하므로 공격 시 술래를 한 친구는 수비 시 도망자 역할을 할 수 없다고 안내해 준다. 술래를 한 친구가 도망자 역할까지 한다면 여러 학생들이 재미있는 역할에 참여할 기회가 줄어들므로 술래와 도망자는 각기 다른 사람으로 정하면 좋다.

3 놀이가 시작되면 술래는 도망자를 쫓아오고 수비팀은 콘 주위를 돌면서 도망자를 술래로부터 멀리 피하게 하여 보호한다.

신체놀이 꿀팁

술래가 강강술래 사이로 들어와서 도망자를 잡거나 강강술래를 가로질러 잡으면 안 된다. 또한 술래가 맨손으로 도망자를 터치하는 게 어려울 수 있으므로 펀스틱을 사용해 도망자를 터치하도록 한다.

4 술래는 제한 시간 안에 도망자를 잡아야 하며 제한 시간이 끝나면 공수교대하여 다시 놀이를 진행한다.

신체놀이 꿀팁

제한 시간 안에 잡으면 1점, 잡지 못하면 0점으로 계산하여 점수가 높은 팀이 승리하도록 하며, 제한 시간은 30초~1분으로 하되 학생들의 놀이 이해도, 능숙도에 따라 자유롭게 정할 수 있다. 공수교대를 하여 한 번씩 놀이가 끝나면 각 팀의 술래와 도망자를 새로 정해 다시 놀이를 진행한다.

돌고 또 돌고

• 활동 장소 : 운동장 • 활동 인원 : 두 팀 경쟁 • 준비물 : 저항밴드, 라바콘

이 활동은 릴레이 형식으로 인원이 추가되며, 모든 팀원이 저항밴드를 사용하여 태풍의 눈(라바콘)을 돌고 들어오면 끝나는 달리기 놀이입니다.

1 두 팀으로 나뉘어 시작점에 선다. 반환점에 라바콘을 세워 두고 이를 '태풍의 눈'으로 정한다.

신체놀이 꿀팁

학생들이 태풍의 눈(반환점)을 돌다가 부딪히지 않도록 반환점에 팀마다 하나씩의 라바콘을 충분한 간격으로 세워 둔다. A, B팀으로 나누고 각 팀에 인원을 골고루 배정한다.

2 각 팀의 2명이 먼저 저항밴드 속으로 들어가 태풍의 눈을 돌고 온다.

신체놀이 꿀팁

2명이 앞과 뒤로 거리를 충분히 두고 서서 저항밴드를 팽팽하게 하여 달려야 쉽게 달릴 수 있다. 또한 먼저 시작한 2명은 계속 달려야 하므로 팀에서 체력이 제일 좋은 친구 2명으로 시작하면 좋다.

3 반환점을 돌아오면 인원이 1명씩 추가되며 계속 태풍의 눈을 돌고 들어온다.

신체놀이 꿀팁

원래 인원은 가만히 있고 팀의 새로운 인원이 추가되어 저항밴드 속으로 들어가 달린다. 또한 맨 앞 학생은 태풍의 눈을 돌 때 중심을 잡아 줘야 하므로 힘이 센 친구일수록 좋고, 맨 뒤 친구는 제일 크게 원을 돌아야 하므로 체력이 좋은 친구로 정하면 좋다.

4 모든 팀원이 저항밴드 속에 들어가 태풍의 눈을 돌아서 먼저 시작점으로 들어온 팀이 승리한다.

신체놀이 꿀팁

A, B팀의 인원이 정확히 나뉘지 않을 경우, 마지막으로 돌 때 2명을 추가시켜 달리는 등 마지막 주자에서 인원을 조정해 줄 수 있다.

놀이뛰기 · 멀리뛰기

놀이 1

나처럼 뛰어라 이렇게!

놀이 2

동물 흉내 피구

나처럼 뛰어라 이렇게!

• 활동 장소 : 교실　　• 활동 인원 : 전체　　• 준비물 : 동물 움직임 쪽지, 호각

이 활동은 동물 흉내를 내며 움직이다가 친구와 가위바위보를 하고 진 친구가 이긴 친구를 따라 하고, 모든 친구가 같은 동물을 흉내 낼 때까지 진행하는 놀이입니다.

1 한 사람씩 동물 이름이 적힌 쪽지를 뽑고 움직임과 소리를 흉내 내며 움직인다.

신체놀이 꿀팁

활동하기 전, 동물의 움직임과 소리 흉내를 다 같이 연습하는 시간을 가지면 활동을 더 잘 진행할 수 있다. 처음에 쪽지를 뽑고 나서 공간에 넓게 퍼져 있다가 선생님이 신호를 주면 동시에 흉내를 내도록 하면 좋다.

2 선생님이 신호를 주면 옆에 있는 친구와 가위바위보를 한다.

신체놀이 꿀팁

호각으로 신호를 주는 즉시 자리에서 멈춰 옆 친구와 가위바위보를 한다. 만약 옆에 있는 친구가 1명이 아니라 여러 명이면, 여러 명이 동시에 가위바위보를 할 수 있다.

3 진 학생은 이긴 학생의 뒤를 따라다니며 움직임과 소리를 따라 한다.

신체놀이 꿀팁

가위바위보보다 동물 흉내 내기에 집중해서 활동할 수 있도록 안내가 필요하다. 또한 가위바위보에 진 학생들이 이긴 학생의 뒤를 따라다닐 때 한 줄이 아니라 무리 지어 이동하게 할 수 있다.

4 모든 친구가 같은 동물의 움직임과 소리를 흉내 낼 때까지 계속한다.

신체놀이 꿀팁

가위바위보 신호를 주는 타이밍으로 활동 시간을 조절할 수 있다. 활동이 끝났을 때는 흉내 낼 동물을 바꾸거나 동물을 더 추가하여 새롭게 진행할 수 있다.

동물 흉내 피구

• 활동 장소 : 강당/운동장　　• 활동 인원 : 전체　　• 준비물 : 킨볼

이 활동은 두 팀으로 나뉘어 수비팀이 동물 흉내(펭귄, 닭, 개구리)를 내며 공격팀이 굴리는 공을 피하는 놀이입니다.

동물 흉내 피구 활동 방법

1 학생들을 공격팀과 수비팀으로 나눈다.

신체놀이 꿀팁

놀이를 시작하기 전에 동물 흉내 동작을 함께 연습해 본다.

- 처음 동작 : 펭귄처럼 뒤뚱뒤뚱 걷기
- 공에 한 번 맞은 경우 : 닭싸움 동작
- 공에 두 번 맞은 경우 : 개구리처럼 네 발로 폴짝폴짝 뛰기
- 공에 세 번 맞은 경우 : 아웃

2 공격팀은 킨볼을 1개 굴려 수비팀을 공격한다.

신체놀이 꿀팁

학생 수에 따라 킨볼 수를 조절한다. 공격할 때 모든 친구가 최소 한 번 이상 공격에 참여할 수 있도록 서로 양보하는 분위기를 만들어 주면 좋다. 킨볼이 수비팀의 몸에 맞아 경기장 안에 멈춰 있을 경우 선생님 혹은 수비팀 친구들이 공을 밖으로 내보내 줄 수 있다.

3 수비팀은 공격팀이 굴린 킨볼을 동물 흉내를 내며 피한다.

신체놀이 꿀팁

학생들이 공을 피하기 위해 동물 흉내를 내지 않을 수 있다. 동물 흉내를 제대로 내지 못해도 탈락임을 명확히 안내해 주면 좋다.

공격 ⟷ 수비 교대

4 제한 시간 동안 더 많은 학생이 살아남은 팀이 승리한다.

신체놀이 꿀팁

경기장 크기에 따라 제한 시간을 달리 운영할 수 있다(좁은 경우에는 5분, 넓은 경우에는 10분). 한 라운드가 끝나면 공격팀과 수비팀을 교대하여 놀이를 다시 진행한다.

놀이 1

바운드볼

놀이 2

던달볼

바운드볼

• 활동 장소 : 교실/강당/운동장　• 활동 인원 : 전체　• 준비물 : 공 1개

이 활동은 좁은 공간에서 개인전으로 진행하며 반드시 공을 땅에 한 번 튕겨서 다치지 않게 상대를 맞추는 피구형 놀이입니다.

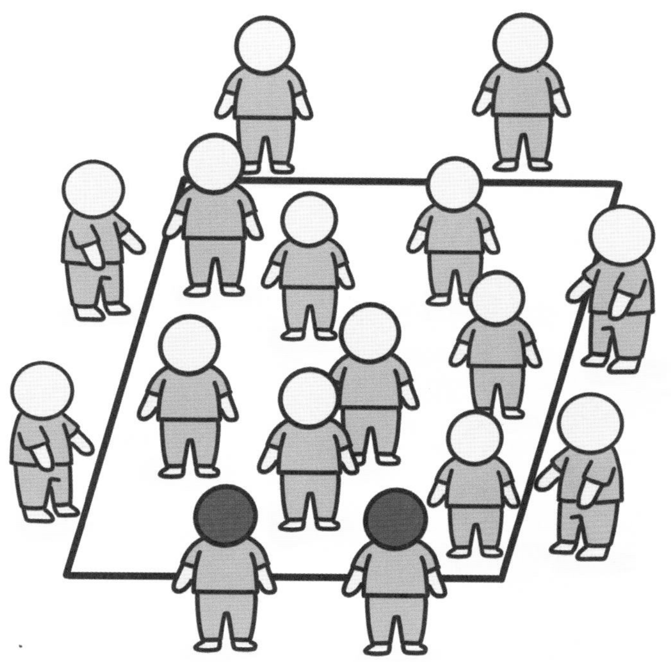

1 학생들의 절반만 먼저 경기장 안으로 들어가고, 나머지 학생들은 경기장을 둘러서 선다.

신체놀이 꿀팁

교실에서 할 때 너무 좁다고 느껴지면 들어가는 인원수를 줄여도 된다. 활동 전에 바운드패스(땅에 한 번 튕겨서 상대에게 공을 전달)를 연습하고 하면 놀이가 더 재미있어진다. 점차 거리를 벌려 가며 연습하고, 어디에 튕겼을 때 멀리 갈 수 있는지를 아는 것이 중요하다.

2 공을 가진 학생은 반드시 땅에 튕겨서 경기장 안의 다른 학생을 맞춰야 하고, 공을 맞은 학생은 경기장 밖으로 나간다.

신체놀이 꿀팁

경기가 시작되면 선생님이 학생들이 없는 곳으로 공을 살짝 던져 준다. 공이 바닥에 튕기지 않고 직접 맞은 경우에는 아웃되지 않는다. 의도적으로 튕기기 전에 다가가서 공에 맞으면 아웃이다.

3 공이 경기장 밖으로 나올 경우, 밖에 있는 학생도 안에 있는 학생을 맞출 수 있다. 경기장 밖에서 맞추기에 성공한 학생은 경기장 안으로 들어간다.

신체놀이 꿀팁

경기장 안에 있는 학생들이 서로를 맞추면 아웃되며 인원이 줄지만 경기장 밖에 있는 학생들이 안에 있는 학생을 맞추면 맞은 학생은 아웃이 되고 맞춘 학생이 경기장 안에 들어와 인원수는 그대로 유지된다.

4 마지막까지 남은 학생이 최종 승리한다.

신체놀이 꿀팁

최후의 2인에서 결판이 잘 나지 않으면 외야의 학생들을 한 걸음씩 전진시켜 경기장 크기를 줄인다. 서로 가까워지면 금방 결판이 난다.

던달볼

• 활동 장소 : 교실/강당/운동장　　• 활동 인원 : 전체
• 준비물 : 점보스택스 1개, 공 2개

이 활동은 상대방이 던진 공을 먼저 주워서 돌아오는 팀이 승리하는 공 던지고 달리기 놀이입니다.

1 반을 두 팀으로 나누고 팀별로 주자 순서를 정한다.

신체놀이 꿀팁

팀 수는 원하는 대로 조정 가능하며 팀 수만큼 공을 준비한다. 점보스택스는 팀 수보다 1개 적게 준비한다.

2 팀당 1명씩 나와서 출발선에 나란히 서고 공을 던질 준비를 한다.

신체놀이 꿀팁

활동 전에 학생들이 공을 멀리서 주고받는 연습을 하면 더욱 재미있게 놀이를 할 수 있다. 던지는 방향은 한쪽으로 통일한다.

3 선생님의 신호에 맞춰 학생들이 공을 던지고, 각자 상대 팀의 공을 주우러 간다.

신체놀이 꿀팁

장애물이 있는 곳으로는 던지지 못하게 하며, 경기장은 너무 넓지 않도록 한다. 운동장에서 활동을 할 경우, 벽이 가까운 곳이나 축구 골대를 향해 던지도록 한다.

4 주운 공을 먼저 들고 와서 점보스택스에 넣으면 승리한다.

신체놀이 꿀팁

공을 주우러 가는 과정에서 자신이 던진 공을 한 번 더 친다거나 길을 막는 등 의도적인 방해 행위가 있다면 부정패로 간주한다. 이기는 주자마다 1점씩 획득하며, 모든 주자가 달린 후 총 점수가 높은 팀이 승리한다.

3부

마을

단원 설명

통합교과서의 '마을' 단원은 아이들이 자신이 생활하는 공간을 이해하고, 지역사회 구성원들과 협력하는 경험을 쌓도록 합니다. 이 단원을 통해 아이들은 마을의 모습과 역할, 이웃과의 관계 등을 배우며 공동체 의식을 기릅니다. 따라서 이 책에서는 아이들이 놀이를 통해 마을을 익히고, 협력하며 어울리는 경험을 하도록 구성했습니다. 예를 들어, 과일 가게에 가 보았던 자신의 경험을 떠올리며 신체의 유연성을 기르는 '과일 가게에 가면', 마을의 공간을 상상하며 이동하는 '풍선 배달하기' 등의 활동을 통해 마을의 다양한 공간을 신체적으로 경험할 수 있습니다. 또한 '헨젤과 그레텔'처럼 역할을 놀이로 익히는 활동을 통해 아이들이 마을을 구성하는 다양한 요소를 자연스럽게 이해할 수 있습니다.

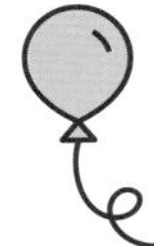

기본 움직임 요소	교실 놀이	강당이나 운동장 놀이
몸풀기	과일 가게에 가면	나는 누구일까요?
밀기 당기기 균형잡기	탁구공 배달 왔습니다	풍선 배달하기
	가위바위보 줄다리기	친구를 구해라
걷기 달리기		릴레이 퀴즈 이어달리기
높이뛰기 멀리뛰기	줄넘기 강을 건너라	줄넘기 빙고
	원마커 펌프	헨젤과 그레텔
던지기 치기 차기	원마커 풍선 축구	숫자콘 축구
	풍선 컬링	진격의 스틱 하키

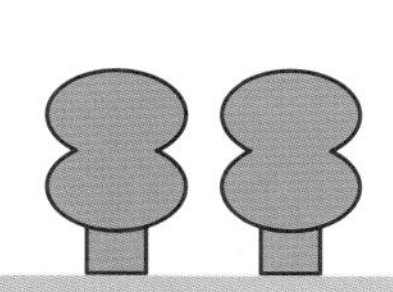

01

몸풀기

놀이 1

과일 가게에 가면

놀이 2

나는 누구일까요?

과일 가게에 가면

• 활동 장소 : 교실 • 활동 인원 : 전체
• 준비물 : 색테이프, 색주사위, (주사위 색과 동일한) 원마커

이 활동은 신체운동 능력과 인지 능력을 활용하여 친구의 이야기에 집중하고 과일 가게를 가 보았던 자신의 경험을 떠올리며 신체의 유연성을 기를 수 있도록 하는 놀이입니다.

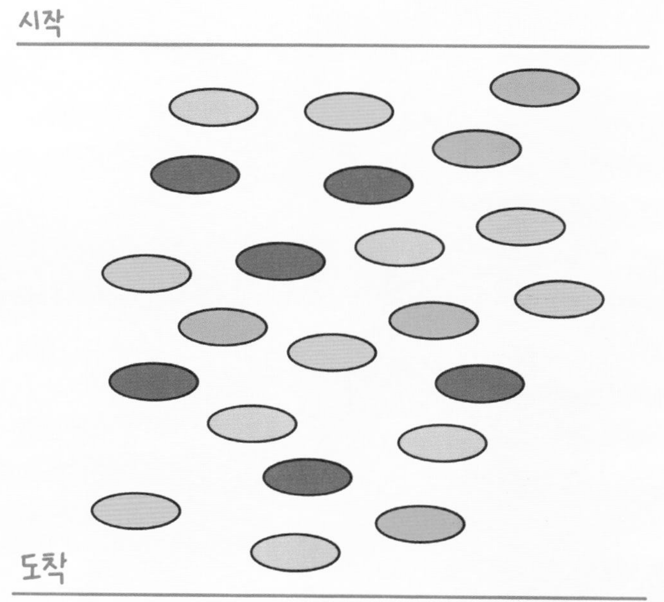

1 책상을 밀고 교실 앞뒤에 색테이프를 붙여 시작점과 도착점을 만들고, 그 사이에 색깔 원마커를 둔다.

신체놀이 꿀팁

활동하기 전, 큰 동작을 하기에 무리가 없도록 자리를 넓혀 줄을 선다. 학생들과 색에 맞는 과일을 떠올려 보며 원마커를 자유롭게 바닥에 둘 수 있도록 지도한다.

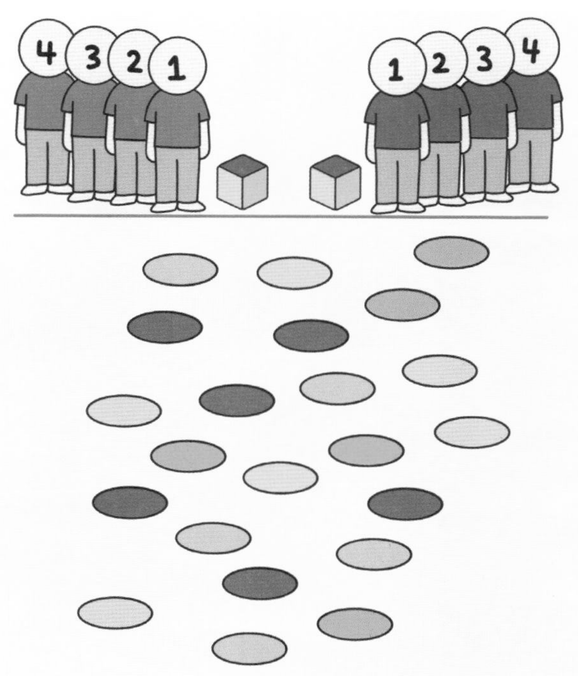

2 분단별로 팀을 나누고, 앞 순서부터 마지막 순서까지 정한 뒤 한 줄로 선다.

신체놀이 꿀팁

학생들의 능력을 고려하여 팀을 자유롭게 구성한다. 교실에서 진행하기 때문에 놀이판을 1개 만든 후, 주사위 던지는 공간을 표시한다(강당 연계 : 여러 개의 판을 만드는 것도 가능).

3 주사위를 굴려 나오는 색을 보고 같은 색의 원마커로 한 다리를 쭉 뻗어 옮기며 해당 색의 과일 이름을 말한다.

신체놀이 꿀팁

원마커 위에서 움직이는 학생과 주사위 던지는 학생을 나누어 진행한다. 첫 주자가 나간 후 다음 주자가 출발함으로써 모든 학생이 놀이에 참여할 수 있도록 한다. 또한 학생들의 수준에 맞게 원마커 거리를 조절하여 다리를 길게 벌리거나 점프해 볼 수 있도록 지도한다. 겹치는 색의 원마커에서 다양한 과일 종류를 이야기해 볼 수 있도록 지도한다.

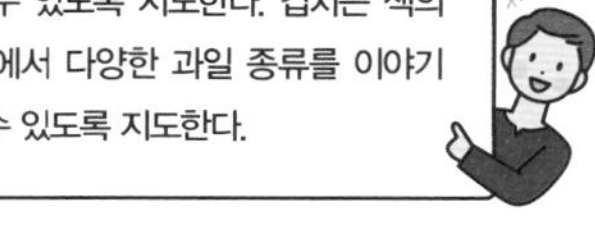

4 반복하여 모든 팀원이 도착점에 먼저 도착한 팀이 승리한다.

신체놀이 꿀팁

승패보다는 함께하는 즐거움과 몸을 움직이는 재미를 느낄 수 있도록 지도한다.

나는 누구일까요?

• 활동 장소 : 강당 • 활동 인원 : 전체 • 준비물 : 바디삭스

이 활동은 시장에 가면 볼 수 있는 다양한 음식, 사람, 물건 등을 떠올리고, 이를 직관적으로 표현할 수 있도록 바디삭스를 활용함으로써 유연성과 표현력을 길러 주는 놀이입니다.

1 모든 학생이 바디삭스를 입고, 문제 내는 학생은 앞에 서고 문제를 맞히는 학생들은 앞을 바라보고 앉는다.

신체놀이 꿀팁

주제(예 : 시장에서 본 것)를 다양하게 바꾸어 가며 학생들이 원하는 것(예 : 생선 가게의 문어)을 몸을 이용하여 다양하게 표현할 수 있도록 격려한다.

2 문제를 내는 친구가 표현하는 것을 보고 무엇인지 생각한다.

신체놀이 꿀팁

문제를 맞히는 학생들이 생각한 답을 말하지 않고 마음속으로만 생각하도록 규칙을 정한다. 정답을 아는 학생들이 동시에 출발할 수 있도록 시작 신호를 주어도 좋다.

3 답을 아는 학생은 바디삭스를 입은 채 엉금엉금 기어와서 확성기를 들고 답을 맞힌다.

신체놀이 꿀팁

기어가기, 구르기 등 다양한 운동 요소를 활용하여 움직이도록 격려한다. 바디삭스의 개수가 부족한 경우 정답을 맞히는 학생들은 다른 행동(런지, 호핑 등)을 하며 걸어가도록 지도한다. 또한 문제를 내는 학생의 선별 규칙을 함께 정한다. 정답을 맞힌 학생이 다음 문제를 낸다거나 모든 학생이 순서대로 문제를 내게 하는 방식으로 진행할 수 있다.

밀기 · 당기기 · 균형잡기

놀이 1

탁구공 배달 왔습니다

놀이 2

풍선 배달하기

놀이 3

가위바위보 줄다리기

놀이 4

친구를 구해라

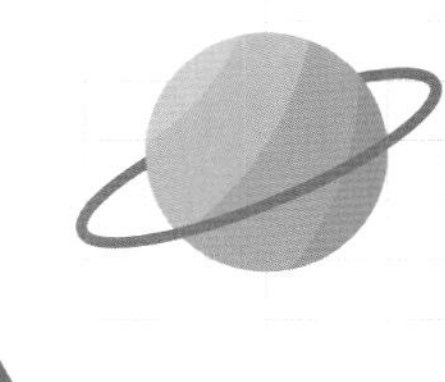

탁구공 배달 왔습니다

- 활동 장소 : 교실
- 활동 인원 : 전체
- 준비물 : 탁구공 100개, 주사위, 바구니(모둠당 1개), 접시콘(1인 1개)

이 활동은 주사위를 던져서 나온 수만큼 머리 위의 접시콘에 탁구공을 담고 균형을 잡으며 바구니까지 배달하는 도전형 놀이입니다.

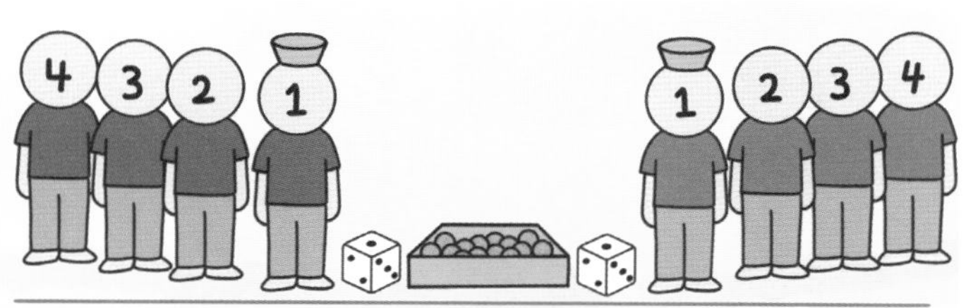

1 모둠별로 순서를 정해 출발 선 안에 한 줄로 선다. 첫 번째 사람부터 주사위를 던져 나온 수만큼 머리 위 접시콘에 탁구공을 넣는다.

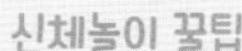

신체놀이 꿀팁

제한 시간 안에 더 많은 탁구공을 배달하는 모둠이 이기는 놀이이기 때문에, 한 모둠당 4~5명으로 하여 모든 학생이 여러 번 참여하도록 한다. 주사위를 굴릴 기회는 단 한 번이라는 점을 놀이 시작 전에 안내한다.

2 균형을 잡으며 모둠 바구니까지 탁구공을 배달한다.

신체놀이 꿀팁

바구니까지 갈 때 접시콘이나 탁구공을 손으로 만질 수 없으며, 중간에 떨어뜨린 탁구공은 주울 수 없다. 모든 탁구공을 떨어뜨리면 주워서 다시 모둠 줄 맨 뒤로 가야 한다.

3 "탁구공 배달 왔습니다"를 외치고 탁구공을 바구니에 넣은 뒤 모둠으로 돌아온다.

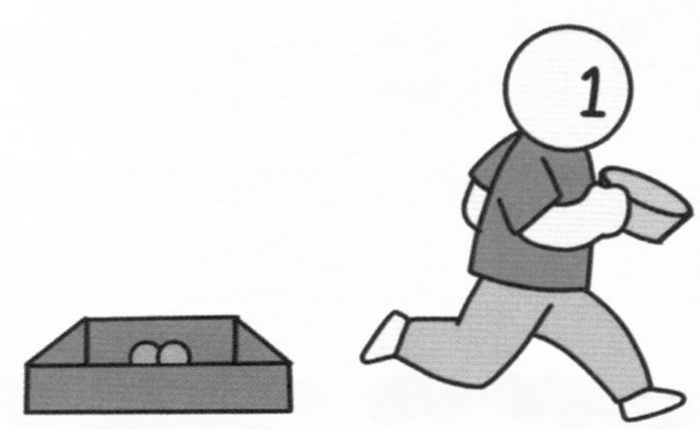

신체놀이 꿀팁

탁구공을 우리 모둠 바구니에 넣은 친구는 접시콘을 들고 우리 모둠 줄의 맨 뒤로 가 놀이에 계속 참여한다.

4 5분 안에 더 많은 탁구공을 배달한 모둠이 승리한다.

파랑팀 승!!

신체놀이 꿀팁

학급 인원에 따라 제한 시간을 조절할 수 있으나, 1인당 최소 2회 이상 참여할 수 있도록 제한 시간을 넉넉하게 잡으면 좋다. 학생들에게 주사위를 굴려 높은 숫자를 얻는 것보다, 더 많이 여러 번 배달하는 것이 유리함을 사전에 안내한다.

풍선 배달하기

• 활동 장소 : 강당/운동장 • 활동 인원 : 전체

• 준비물 : 풍선(1인당 1~2개), 라인테이프, 바구니(모둠당 1개)

이 활동은 손 위에 풍선을 올려놓고 선을 따라 균형을 잡으며 목표지점까지 풍선을 배달하는 도전형 놀이입니다.

풍선 배달하기 활동 방법

1 모둠별로 순서를 정해 출발선 안에 한 줄로 선다. 첫 번째 사람부터 손에 풍선을 올린 뒤 라인을 따라 바구니까지 배달한다.

신체놀이 꿀팁

풍선은 자신의 선택에 따라 1인당 1개 또는 2개까지 들 수 있다. 이때 풍선을 손가락으로 잡거나 손바닥을 오므리면 안 되며 반드시 손바닥을 평평하게 펴고 그 위에 올려야 한다. 중간에 떨어뜨린 풍선은 주울 수 없으며, 모두 떨어뜨리거나 라인을 벗어나면 출발선으로 돌아와 놀이에 다시 참여한다.

2 바구니 앞에 도착해 "풍선 배달 완료"를 외치고 풍선을 바구니에 넣는다. 모둠으로 돌아와 다음 친구와 하이파이브를 하면 다음 친구가 출발한다.

신체놀이 꿀팁

1인당 풍선을 최대 2개까지 들 수 있기 때문에, 라인을 그릴 때는 공간을 충분히 확보하여 다른 모둠과 신체나 풍선이 닿지 않도록 한다. 바구니에 풍선을 넣고 돌아올 때도 우리 모둠 라인을 따라 돌아와 다음 친구와 하이파이브를 해야 한다. 선생님의 필요에 따라 라인 모양(일직선, 지그재그 등)을 바꿔도 좋다.

3 바구니에 풍선을 다 넣은 모둠은 제자리에 줄을 맞춰 앉는다. 가장 빨리 풍선을 배달한 모둠이 승리한다.

신체놀이 꿀팁

마지막 학생까지 풍선을 배달한 모둠은 제자리로 돌아와 모두가 자리에 앉아야 승리함을 안내한다.

가위바위보 줄다리기

• 활동 장소 : 교실 • 활동 인원 : 2인 1조 • 준비물 : 라텍스밴드, 원마커

이 활동은 라텍스밴드를 허리에 두르고 가위바위보를 하여 이긴 사람이 한 걸음씩 앞으로 나아가며 정해진 위치에 먼저 도착하면 승리하는 놀이입니다.

라텍스 밴드

목표 출발 출발 목표

1 2명씩 짝을 짓고 라텍스밴드 1개와 원마커 4개를 준비하고 적당한 거리에 출발 위치와 목표 위치를 표시할 원마커를 놓는다.

신체놀이 꿀팁

선생님이 키나 체격이 비슷한 친구끼리 짝을 지어 주어야 라텍스밴드가 당겨질 때 힘의 균형이 맞는다.

2 학생 2명이 마주보고 라텍스밴드를 허리에 두르고 서서 가위바위보를 한다.

신체놀이 꿀팁

라텍스밴드의 탄성이 느껴지기 시작하는 정도의 거리에 서서 놀이를 시작해야 놀이 도중 갑작스러운 탄성에 놀라 넘어지지 않는다.

3 가위바위보를 한 후 이긴 학생은 뒤로 한 걸음 물러나고, 진 학생은 그 자리에 그대로 서 있는다.

신체놀이 꿀팁

가위바위보에 이긴 학생이 뒤로 물러나면 라텍스밴드가 더 늘어나며 힘이 가해지기 때문에 진 학생은 긴장을 늦추지 않고 그 자리에서 버티려고 노력해야 한다.

4 가위바위보를 반복하여, 목표로 한 원마커에 먼저 도착하거나 상대가 자신의 자리에서 버티지 못하면 승리한다.

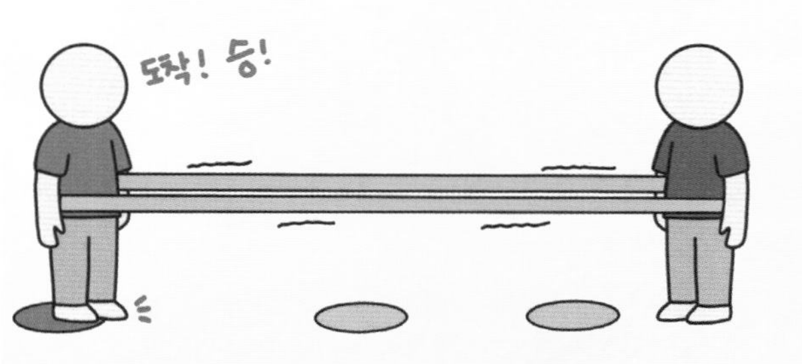

신체놀이 꿀팁

라텍스밴드의 길이를 고려하여 탄성한계 지점보다 두 걸음 안쪽에 원마커를 놓아 놀이 중 라텍스밴드의 탄성으로 학생이 다치지 않도록 한다.

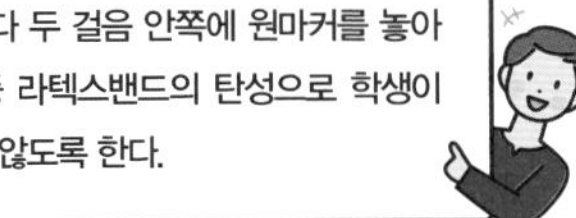

친구를 구해라

• 활동 장소 : 강당　　• 활동 인원 : 2인 1조　　• 준비물 : 바구니, 줄

이 활동은 친구가 갇혀 있는 바구니에 연결된 줄을 당겨 친구를 구해내는 놀이입니다.

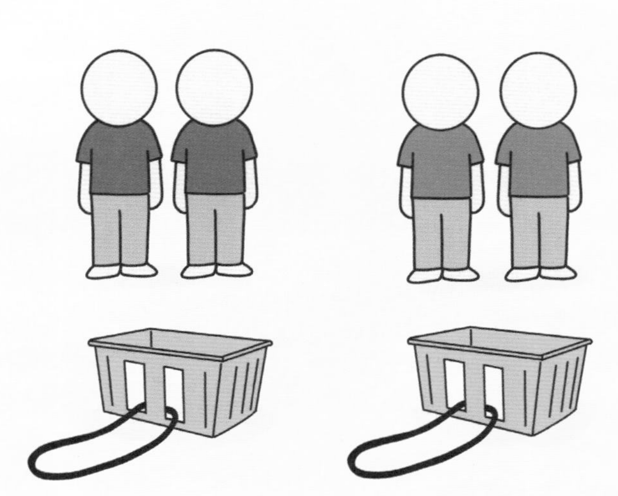

1 2명씩 짝을 짓고, 각각 바구니 1개와 줄 1개를 튼튼하게 연결하여 준비한다.

신체놀이 꿀팁

바구니와 줄은 쉽게 풀리거나 미끄러지지 않도록 옭매듭을 활용하여 묶어야 한다. 학생들이 줄을 잡았을 때 손에서 미끄러져 다치지 않도록 줄 중간중간에 매듭을 지어 놓는다.

2 출발선에 놓은 바구니 안에 1명의 친구를 태운 후 다른 1명의 학생이 줄을 잡고 선다.

신체놀이 꿀팁

바구니 안에 탄 학생은 바구니 안에 푹 앉아서 양손으로 바구니를 잘 잡아 혹시 일어날 수 있는 안전사고에 대비한다.

3 선생님의 신호에 맞춰 줄을 당겨서 바구니를 끌며 출발한다. 바구니에 탄 사람이 반대편 도착지점에 가장 먼저 도착하면 승리한다.

신체놀이 꿀팁

바구니에 연결된 줄이 팽팽해질 정도로 당겨지는 위치에서 출발해야 출발 즉시 가해지는 힘에 의해 줄이 출렁이는 것을 최소화할 수 있다. 도착지점이 벽 등 막혀 있는 곳과 너무 가까우면 바구니를 당기는 힘에 의해 바구니가 밀려와 부딪힐 수 있으니 충분한 거리를 확보하는 것이 좋다.

걷기 · 달리기

놀이 1

릴레이 퀴즈 이어달리기

릴레이 퀴즈 이어달리기

• 활동 장소 : 강당/운동장　　• 활동 인원 : 전체　　• 준비물 : 퀴즈 종이

이 활동은 친구들과 함께 팀을 이루어 퀴즈를 풀면서 달리기도 하고, 팀워크와 소통 능력을 기르며 협력하는 재미도 느낄 수 있는 놀이입니다.

1 팀을 나눠 퀴즈 준비를 한다. 이때 풀 퀴즈를 학생들 스스로 준비하도록 해도 되고 선생님이 미리 준비하여 제공해도 된다.

신체놀이 꿀팁

동물 이름, 색깔, 음식 이름 등 초등 2학년 학생들이 쉽게 알 수 있는 간단한 퀴즈 문제를 준비한다. 예를 들어, "하얀색 동물은 무엇일까요?" 또는 구구단 문제 등 수학과 연계된 간단한 퀴즈 문제도 좋다. 선생님이 힌트를 제공하면 더 좋다.

2 첫 번째 주자가 출발하여 정해진 거리를 달린다. 이때 끝에는 퀴즈를 낼 다른 팀 학생이 앉아 있는다.

신체놀이 꿀팁

자신의 팀이 아닌 다른 팀으로 가서 문제를 맞힐 수 있도록 한다. 이때 팀이 달라지면 문제도 달라지기 때문에 팀을 다르게 하여 몇 번 더 진행할 수도 있다.

3 퀴즈 풀이 후 정답 여부에 상관없이 출발선으로 달려와 다음 주자와 하이파이브하여 순서를 넘긴다.

신체놀이 꿀팁

정답을 못 맞히면 다시 원점을 다녀오거나 정해진 힌트를 제공하는 것으로 놀이를 변형할 수 있다. 난이도가 너무 낮다면 시간 제한을 둔다. 그러면 긴장감이 생기고, 놀이를 더 재미있게 진행할 수 있다.

4 제한 시간 안에 팀원이 달려서 갔다 오면 2점, 퀴즈를 맞히면 추가 1점 획득 등으로 퀴즈보다 달리기 활동에 집중할 수 있도록 한다.

신체놀이 꿀팁

점수를 달리하지 않고 퀴즈를 맞히지 못한 경우에는 조금 더 떨어진 콘을 돌아서 오는 등으로 활동을 구성할 수 있다. 퀴즈 맞히기 활동이 주가 되기보다는 달리기 활동에 집중할 수 있도록 한다.

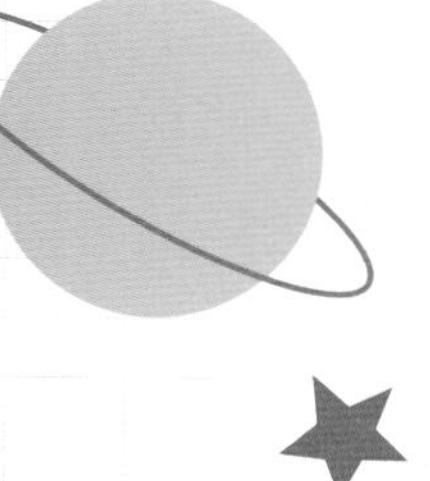

04

높이뛰기 · 멀리뛰기

놀이 1

줄넘기 강을 건너라

놀이 2

줄넘기 빙고

놀이 3

원마커 펌프

놀이 4

헨젤과 그레텔

줄넘기 강을 건너라

· 활동 장소 : 교실　　· 활동 인원 : 전체　　· 준비물 : 줄넘기 5~6개

이 활동은 두 팀으로 나뉘어 한 팀은 줄로 구역을 만들고 다른 팀은 줄로 만든 구역을 두 발로 뛰어넘어 반환점을 돌아서 오는 경쟁형 놀이입니다.

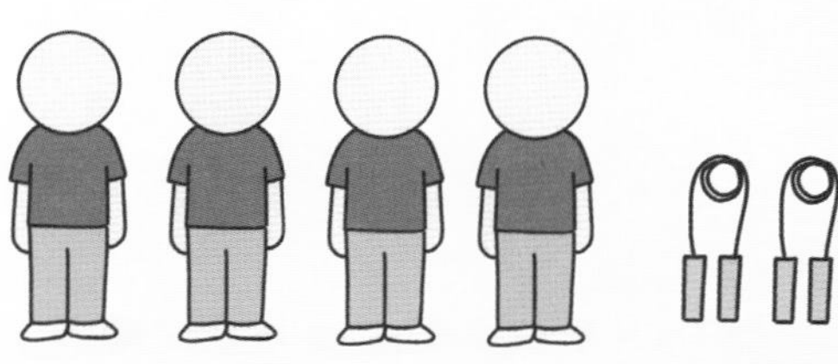

1 공격팀과 수비팀으로 나뉘어 팀별 인원수의 반만큼 줄넘기를 준비한다.

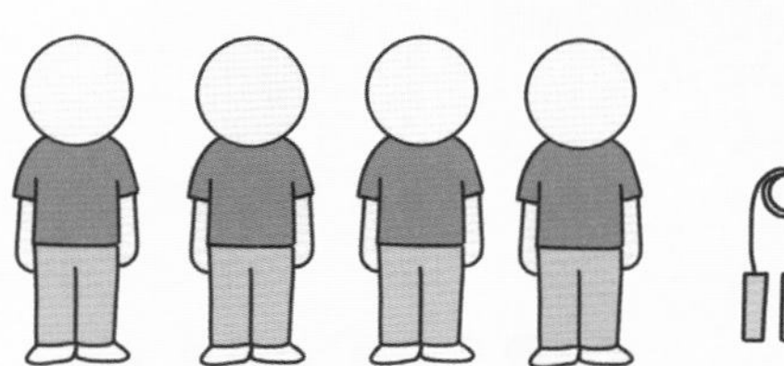

신체놀이 꿀팁

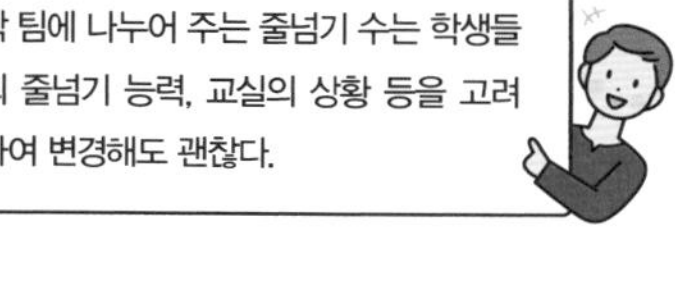

각 팀에 나누어 주는 줄넘기 수는 학생들의 줄넘기 능력, 교실의 상황 등을 고려하여 변경해도 괜찮다.

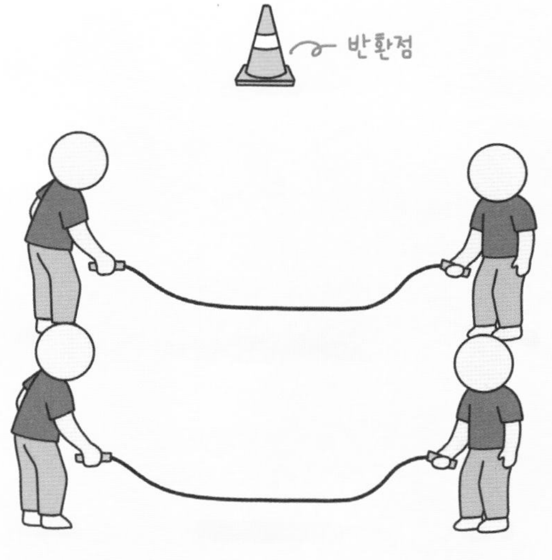

2 수비팀은 가지고 있는 줄을 이용해 목표지점까지 장애물을 배치한다.

신체놀이 꿀팁

수비팀이 전략을 짤 수 있는 시간을 충분히 제공한다. 줄의 높이는 안전을 위해 무릎 위로는 올리지 못하도록 한다.

3 공격팀에서 1명씩 줄을 넘어 반환점을 돌아오면 다음 주자가 출발한다.

신체놀이 꿀팁

공격팀 주자는 줄을 넘을 때 두 발을 모아 점프하여 넘는다. 한 발로 뛰어넘을 경우 줄넘기 동작이 아닌 달리기가 빠른 사람이 이길 확률이 높기 때문이다.

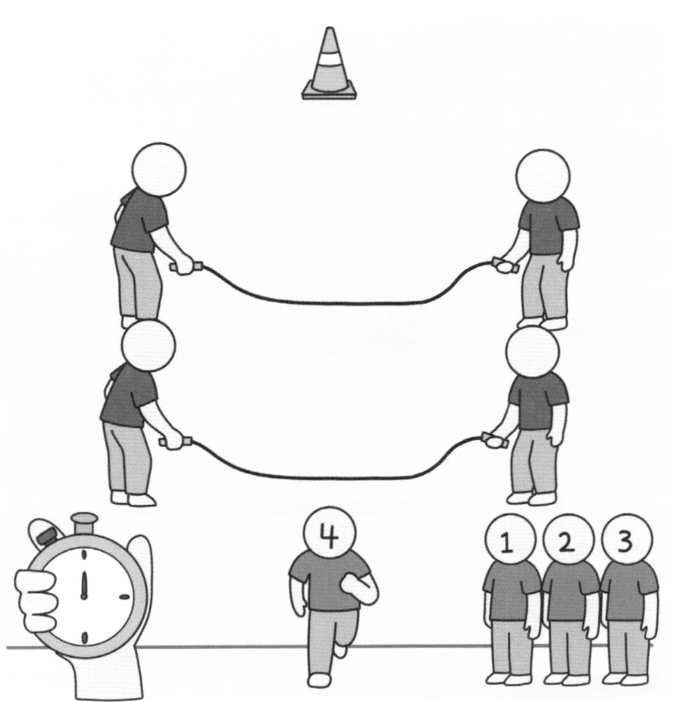

4 공격팀 구성원이 모두 반환점을 돌아오는 시간을 측정한다.

신체놀이 꿀팁

줄을 정확히 넘을 수 있도록 지도한다. 책걸상을 치워 교실 가운데 공간을 최대한 넓게 확보한다.

5 팀별 역할을 바꾸어 반환점을 돌아오는 시간을 측정하고, 더 빠른 팀이 승리한다.

신체놀이 꿀팁

교실에서 진행할 때 층간소음 문제가 발생할 수 있다. 이런 경우 뒤꿈치를 들고 줄을 넘도록 지도한다.

줄넘기 빙고

• 활동 장소 : 강당/운동장 • 활동 인원 : 전체 • 준비물 : 줄넘기, 주사위, 고깔

이 활동은 출발선에서 출발하여 주사위 수만큼 줄을 넘고 고깔을 배치하여 먼저 빙고를 만든 팀이 승리하는 놀이입니다.

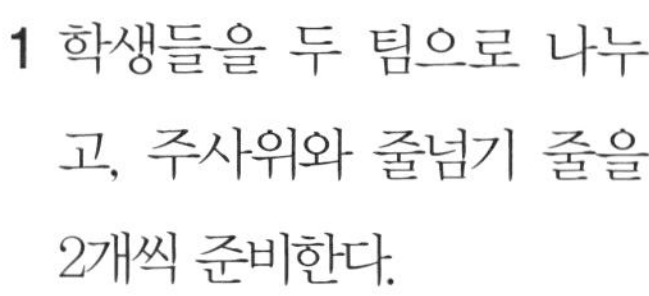

1 학생들을 두 팀으로 나누고, 주사위와 줄넘기 줄을 2개씩 준비한다.

신체놀이 꿀팁

학생들이 놀이에 익숙해지면 팀원을 줄이고 팀 수를 늘려 여러 구역에서 동시 진행해도 된다.

줄넘기 구역

빙고판

2 빙고판을 그리고 적당한 간격을 두어 줄넘기와 주사위를 배치한다.

신체놀이 꿀팁

빙고판은 선생님이 자유롭게 그릴 수 있다. 그림에서는 3 × 3 빙고판으로 구성했지만 학생들의 특성, 강당 및 운동장의 너비 등 여러 가지를 고려하여 빙고판 칸 개수를 수정해도 상관없다.

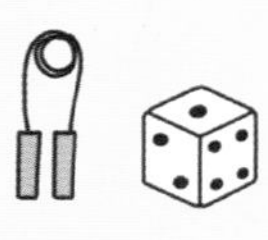

3 각 팀에게 하나의 빙고를 만들 수 있는 개수만큼 고깔을 나누어 준다. (예 : 3 × 3 빙고의 경우 3개)

신체놀이 꿀팁

고깔 대신 콩주머니, 팀조끼 등 다른 물건을 사용해도 좋다. 대신 학생들이 들고 달리기 쉬운 물건이 적절하다.

4 각 팀 주자들은 출발 후 줄넘기 구역에서 각자 주사위를 던지고 나온 수만큼 줄을 넘는다.

신체놀이 꿀팁

줄넘기 구역에서 정확한 횟수를 넘도록 지도한다. 줄넘기에 걸리면 처음부터 다시 한다.

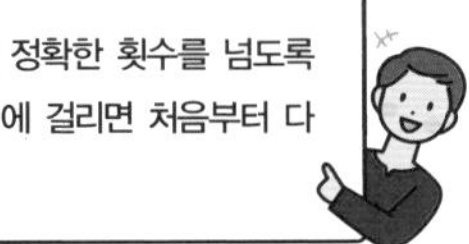

5 고깔을 빙고판 위에 놓고 돌아온다.

신체놀이 꿀팁

고깔을 원하는 칸에 던지는 것이 아니라 정확히 놓고 오도록 지도한다.

6 팀별 고깔이 다 놓이면 다음 주자부터는 빙고판 위의 자기 편 고깔 하나를 움직여 빈칸에 놓고 돌아온다.

신체놀이 꿀팁

이미 상대편 고깔이 있는 곳에 우리 편 고깔을 놓을 수 없다. 학생들이 놀이에 익숙해지면 상대편 고깔도 옮길 수 있다는 규칙을 추가해도 좋다.

7 빙고를 먼저 만든 팀이 승리한다.

신체놀이 꿀팁

빙고를 만든 팀은 구호를 외치게 하는 것도 놀이를 재미있게 할 수 있는 방법이다.

원마커 펌프

• 활동 장소 : 교실　　• 활동 인원 : 전체　　• 준비물 : 원마커 30개

이 활동은 원마커로 길을 만들고 만들어진 길 위를 한 발 또는 두 발 뛰기로 이동하는 경쟁 및 도전형 놀이입니다.

1 학생들을 두 팀으로 나누고, 각 팀에게 원마커 15개씩을 준다. 각 팀은 생각을 모아 원마커 길을 만든다.

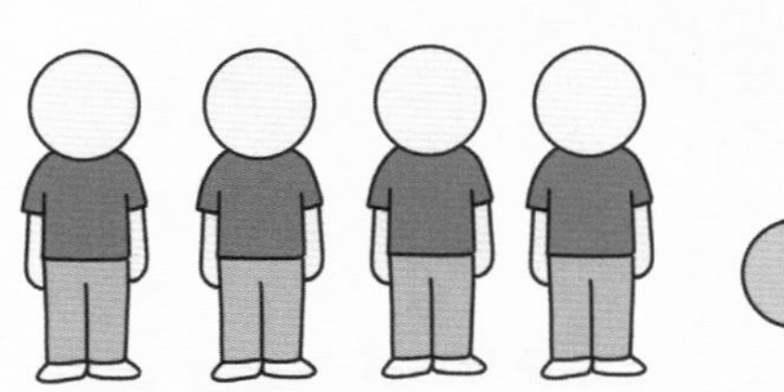

신체놀이 꿀팁

팀을 구성할 때 움직임 능력, 성비를 고려하여 구성하면 끝까지 학생들이 포기하지 않고 놀이에 참여할 수 있다.

2 원마커 길은 세 줄로 구성하고, 한 줄에 1개 또는 2개의 원마커 길을 만든다.

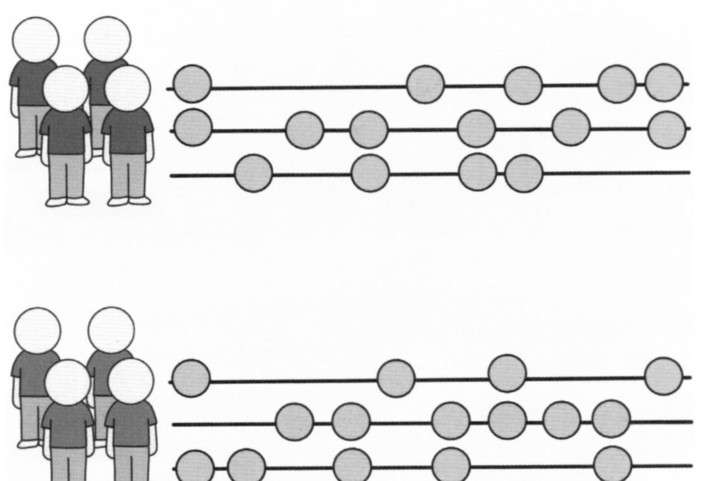

신체놀이 꿀팁

줄 간 간격을 너무 넓게 하면 부상의 위험이 있으므로 줄과 줄 사이 간격은 학생 걸음 기준으로 한 보 정도로 한다.

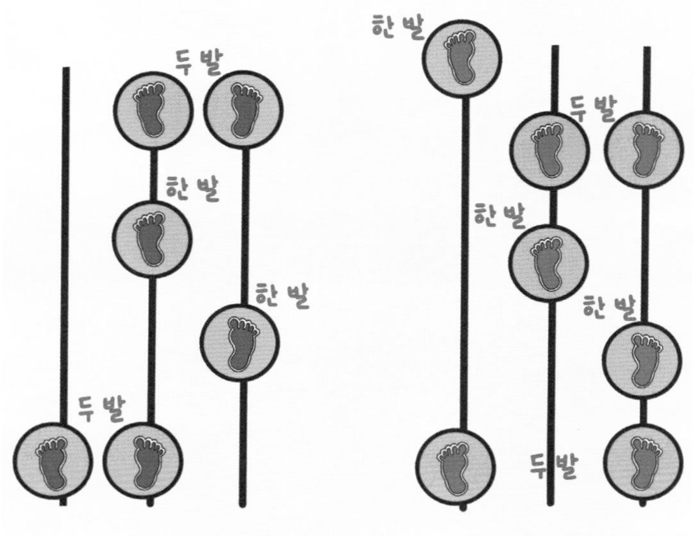

3 양 팀이 길을 만든 후 출발 신호와 함께 첫 주자가 출발한다.

신체놀이 꿀팁

원마커 1개에는 한 발만 올릴 수 있도록 하고, 원마커 2개에 양발을 올려야 할 경우 동시에 두 발이 닿을 수 있도록 지도하면 양발 뛰기, 한 발 뛰기를 정확하게 학습할 수 있다.

출발해야지.

도착!

4 같은 팀 주자가 목표지점에 도착한 후 "도착"이라고 외치면 다음 주자가 출발한다.

신체놀이 꿀팁

도착한 학생이 정확하게 "도착"이라고 외치도록 지도하고, 다음 주자가 출발하면 친구들의 움직임을 관찰해 질서를 지키게 한다.

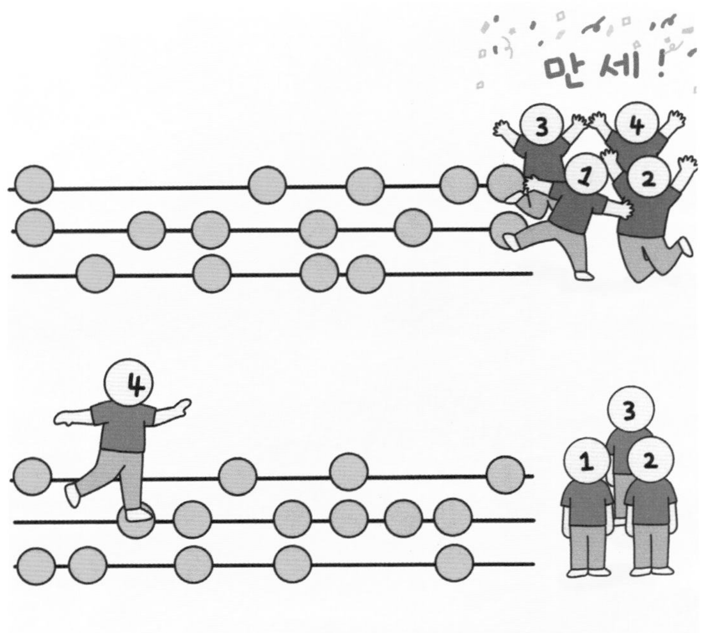

5 마지막 주자까지 도착한 후 다 같이 한목소리로 "만세"라고 외치면 경기가 종료된다.

신체놀이 꿀팁

두 팀의 경쟁 활동 후 원마커 30개로 하나의 길을 만들어 기록 단축에 도전하는 도전형 활동으로 변형하여 활용할 수 있다.

헨젤과 그레텔

• 활동 장소 : 강당　　• 활동 인원 : 3인 1조 릴레이　　• 준비물 : 원마커 20개

이 활동은 헨젤이 길을 만들고 그레텔은 만들어진 길 위를 한 발 또는 모둠발 뛰기로 이동하고 까마귀는 원마커를 수거하는 협력 및 경쟁형 놀이입니다.

1 출발선에 3인 1조(헨젤, 그레텔, 까마귀)로 정렬하여 출발 준비를 한다.

신체놀이 꿀팁

헨젤, 그레텔, 까마귀 중 학생들이 선호하는 역할이 뚜렷할 수 있으므로 활동을 여러 번 진행하여 돌아가면서 세 역할을 모두 할 수 있도록 지도하면 움직임에 집중하며 활동할 수 있다.

2 출발 신호와 함께 헨젤은 원마커를 바닥에 떨어뜨리며 반환점을 향해 나아간다.

신체놀이 꿀팁

헨젤이 경쟁에 초점을 두고 원마커 간격을 너무 넓힐 경우 활동이 진행되지 않거나, 부상 위험이 있으므로 학생 기준 큰 보폭 한 보 정도로 원마커를 놓으며 이동할 수 있도록 지도한다. 팀별로 원마커를 10개씩 주고, 학생들이 활동에 익숙해지면 원마커 개수를 줄이는 방법으로 난이도를 높일 수 있다.

3 그레텔은 헨젤이 떨어뜨리는 원마커 길 위를 밟으며 앞으로 나아간다.

신체놀이 꿀팁

그레텔이 원마커가 아닌 땅을 밟으면 출발선으로 돌아가 다시 시작한다. 무리한 움직임을 하기보다는 정확하고 신속하게 길을 따라 움직이도록 지도한다. 이동 방법은 양발 번갈아 걷기, 한 발 뛰기, 모둠발 뛰기 등으로 변형해서 진행할 수 있다.

4 까마귀는 그레텔이 지나간 원마커를 수거하며 뒤따라간다.

신체놀이 꿀팁

까마귀가 수거한 원마커는 헨젤에게 전달하며, 그레텔이 밟고 있는 원마커는 손대지 않는다(부상 위험).

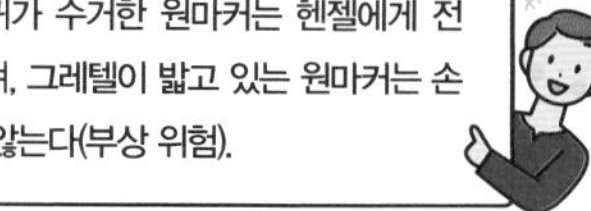

5 반환점을 돌아 출발선에 먼저 도착하는 팀이 승리한다.

신체놀이 꿀팁

학급 전체를 3인 1조로 나누어 기록 도전형으로 진행할 수 있고, 3인 1조 두 팀으로 나누어 경쟁형으로 진행할 수도 있다.

05

던지기 · 치기 · 차기

놀이 1

원마커 풍선 축구

놀이 2

숫자콘 축구

놀이 3

풍선 컬링

놀이 4

진격의 스틱 하키

원마커 풍선 축구

• 활동 장소 : 교실　　• 활동 인원 : 두 팀 경쟁　　• 준비물 : 풍선, 원마커, 팀조끼

이 활동은 각자 팀에서 원마커로 위치를 정한 후, 정해진 자리에 서서 풍선을 발로 차 상대 팀 골대에 풍선을 넣는 놀이입니다.

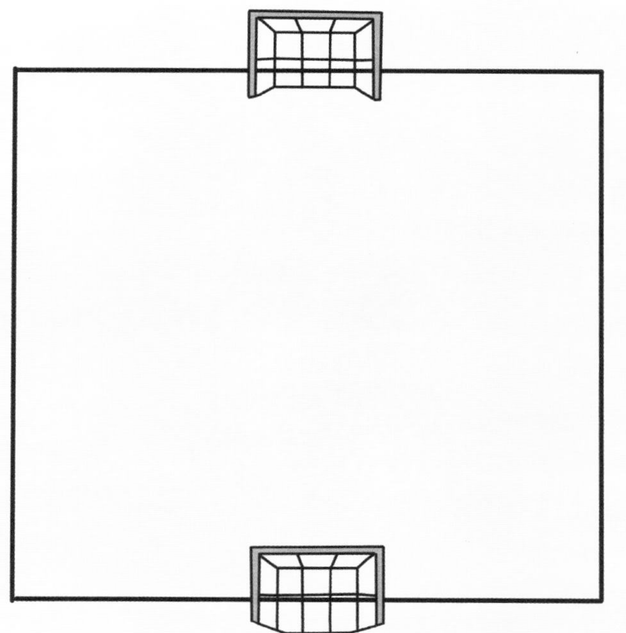

1 교실에 사각형으로 경기장을 만든 후, 양쪽 끝에 골대를 둔다.

신체놀이 꿀팁

사각형 경기장의 모양이나 크기는 각 학급의 교실 환경이나 학생들의 수준에 따라 정할 수 있다. 골대는 미니 골대, 책상이나 의자, 훌라후프 등으로 다양하게 구성할 수 있다.

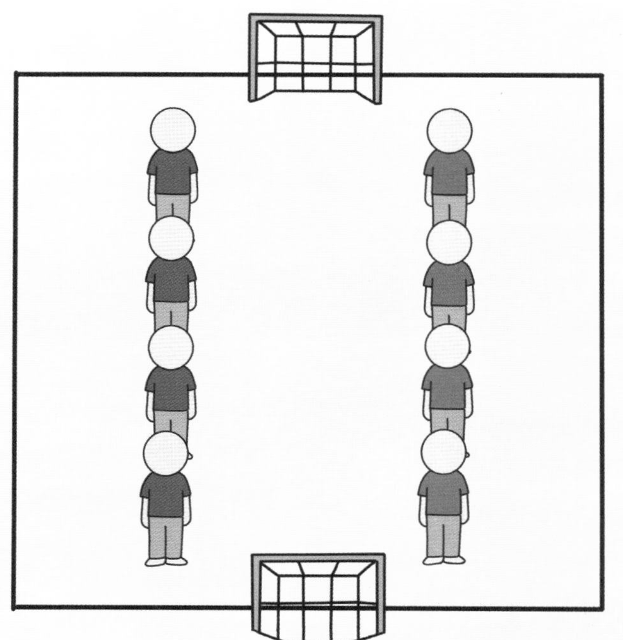

2 학급을 두 팀으로 나누고, 전반전과 후반전 팀으로 한 번 더 나눈다.

신체놀이 꿀팁

학급 환경에 따라 참여 인원을 조정할 수 있으나 운동 실력이 좋은 학생들이 한쪽으로 몰리지 않도록 팀을 정한다. 전반전은 여학생, 후반전은 남학생으로 나누거나 전후반 모두 혼합으로 할 수도 있다.

3 공격 및 수비를 할 수 있는 자리에 원마커를 두고 그 위에 선다.

신체놀이 꿀팁

골대 위치를 정한 후, 각자 원마커 1개씩을 들고 공격 및 수비를 할 수 있는 위치를 팀원끼리 의논하여 원마커를 둔다. 한 팀이 좋은 자리를 모두 선점하지 않도록 팀끼리 돌아가면서 위치를 선정할 수 있도록 한다. 이때 서로 너무 가까운 위치는 부상 위험이 있으니 적절히 조절한다. 바닥에 풍선이 떨어져 멈춘 경우, 가까이에 있는 사람이 가져와 경기를 이어간다. 거리가 같은 경우 가위바위보로 정한다.

4 팀끼리 협동하여 풍선을 차서 상대 팀 골대에 넣는다.

신체놀이 꿀팁

풍선이 무릎 아래로 떨어지면 무릎 아래의 신체 부위로 풍선을 찰 수 있다. 다른 신체 부위에 풍선이 닿으면 치지 않기로 약속한다. 풍선을 너무 세게 차면 오히려 원하는 방향으로 가지 않음을 이야기하고, 동시에 다른 사람이 다칠 수 있음을 안내한다.

숫자콘 축구

• 활동 장소 : 강당/운동장 • 활동 인원 : 모둠 • 준비물 : 공, 숫자콘, 원마커

이 활동은 선생님이 말하는 숫자의 콘을 터치한 후, 먼저 도착한 사람이 골 넣기 좋은 위치의 공을 찾을 수 있는 놀이입니다.

숫자콘 축구 활동 방법

1 학급을 네 모둠으로 나누고, 골대 앞 서로 다른 위치에 축구공 4개를 각각 둔다.

신체놀이 꿀팁

서로 위치는 다르지만 모두 공 넣기가 가능한 위치에 원마커를 두고, 그 위에 축구공을 올린다. 늦게 도착한 사람도 골대에 공을 넣는 즐거움을 느끼도록 한다. 참여 인원과 모둠 구성은 학급 환경에 따라 조절한다.

2 축구공과 좀 떨어진 곳에 숫자콘 4세트를 각각 한 줄로 나열하고, 그 앞에 첫 번째 주자가 선다.

신체놀이 꿀팁

축구공과 좀 떨어진 곳에 숫자콘을 정렬하여 주자들의 출발 위치가 축구공 선점에 영향을 주지 않도록 한다.

3 선생님이 말한 순서대로 숫자콘을 손으로 터치하고 돌아온다.

신체놀이 꿀팁

나머지 학생들은 각 팀의 주자들이 숫자콘을 순서대로 터치하였는지 살핀다. 순서가 틀린 경우 처음부터 다시 시작한다. 손을 이용한 숫자콘 터치가 아닌 숫자콘 옆에 원마커를 두고 발로 터치할 수도 있다.

4 먼저 도착한 순서대로 원하는 위치의 축구공을 발로 찬다.

신체놀이 꿀팁

동시에 공을 차면 골대에 들어가지 않을 수 있어 도착한 순서대로 공을 차례대로 찰 수 있도록 한다. 슛 가능 횟수는 학생들의 수준에 따라 정할 수 있다.

풍선 컬링

• 활동 장소 : 교실 • 활동 인원 : 4~6명씩 두 팀 경쟁
• 준비물 : 컬링매트 또는 바닥과녁, 펀스틱, 풍선

이 활동은 펀스틱을 이용해 풍선을 쳐서, 우리 팀 풍선을 원 안으로 집어넣거나 상대 팀 풍선을 원 밖으로 밀어내는 놀이입니다.

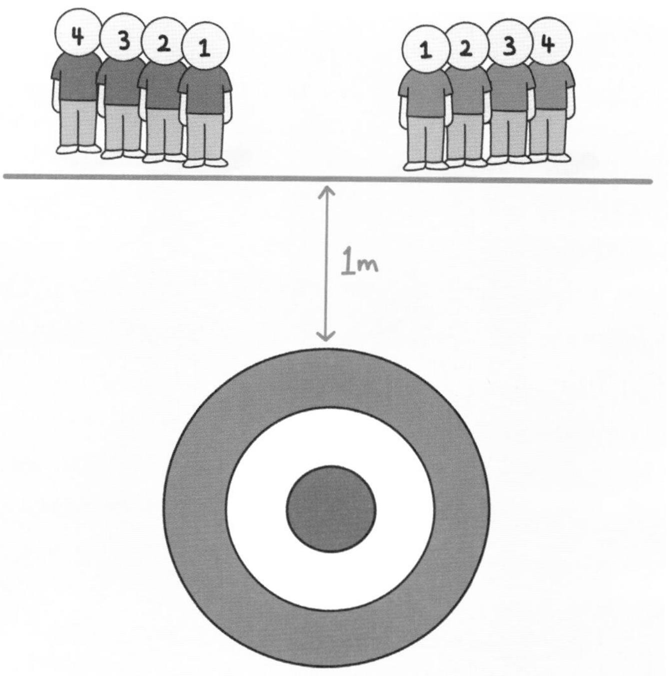

1 기준선을 정하고, 선에서 1m 떨어진 거리에 컬링매트를 둔다.

신체놀이 꿀팁

팀 인원수만큼 같은 색깔의 풍선을 준비한다. 예를 들어 한 팀에 6명씩 두 팀일 경우 노란색 풍선 6개, 초록색 풍선 6개를 준비한다. 컬링매트 또는 바닥과녁이 없다면 원마커와 미니 원마커, 또는 납작한 후프를 이용해 동심원을 만든다. 바닥에 테이프를 붙여 크기가 다른 사각형으로 경기장을 변형하여 구성해도 좋다.

2 팀에서 번갈아가며 1명씩 나와 펀스틱으로 풍선을 쳐 원하는 곳으로 보낸다.

신체놀이 꿀팁

풍선을 원 안으로 보내거나, 원 안에 들어가 있는 상대 팀 풍선 쪽으로 보내서 상대 팀 풍선을 밀어낼 수 있다. 학생들의 수준에 따라 접시콘 위에 풍선을 올려놓고 치는 것을 허용할 수도 있다. 펀스틱으로 공을 칠 때 다른 학생들이 펀스틱에 맞지 않도록 충분한 간격을 유지한다.

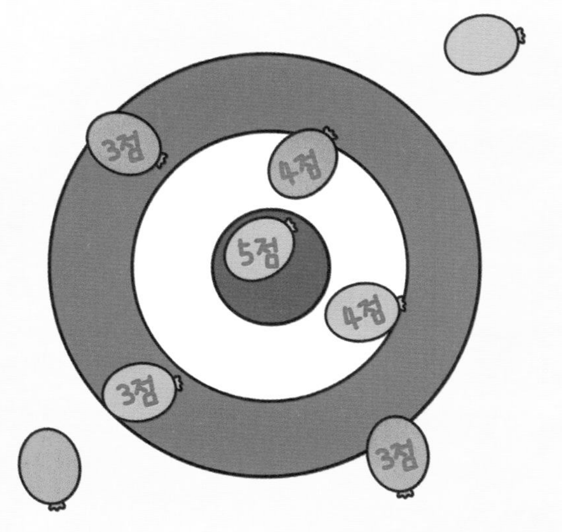

3 모든 학생이 풍선을 치면 점수를 계산한다. 가장 안쪽 원(원마커)에 있는 풍선은 5점, 두 번째 원 안의 풍선은 4점, 가장 바깥쪽 원 안의 풍선은 3점으로 하여 팀 풍선의 점수를 더한다.

신체놀이 꿀팁

학생 수준에 따라 원 밖에 떨어진 풍선에도 1점을 부여하거나, 동심원의 크기와 개수를 조절할 수 있다. 라인에 걸친 경우에도 득점을 인정한다.

진격의 스틱 하키

• 활동 장소 : 강당/운동장

• 활동 인원 : 두 팀 경쟁

• 준비물 : 콘, 접시콘, 채, 크기가 작은 공

이 활동은 양쪽에서 채로 공을 치며 상대편 쪽으로 이동하다가, 가위바위보에서 이긴 사람이 상대 진영 안으로 공을 쳐서 넣는 놀이입니다.

진격의 스틱 하키 활동 방법

1 학생들을 4~6명씩 두 팀으로 나눈다. 콘을 지그재그로 놓고, 양쪽 끝에 접시콘으로 각 팀 진영을 만든다.

신체놀이 꿀팁

학급을 네 팀으로 나누고, 경기장을 두 세트 설치하여 두 팀씩 경기하도록 한다. 채가 없다면 펀스틱을 이용할 수 있다. 대기하는 팀원들은 공에 맞지 않도록 진영 밖에서 대기한다.

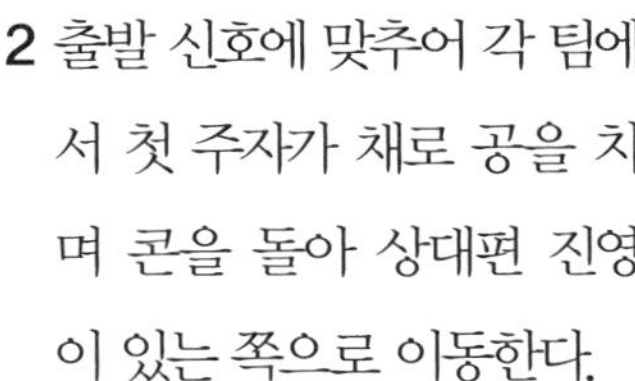

2 출발 신호에 맞추어 각 팀에서 첫 주자가 채로 공을 치며 콘을 돌아 상대편 진영이 있는 쪽으로 이동한다.

신체놀이 꿀팁

이동할 때는 채로 공을 약하게 치면서 이동한다. 공을 너무 세게 치며 이동하거나 채로 공을 밀면서 이동하지 않도록 한다. 공을 잘못 쳐서 너무 멀리 나가면, 공을 친 위치로 되돌아와서 계속한다. 또한 콘의 바깥쪽으로 돌아서 오도록 안내한다.

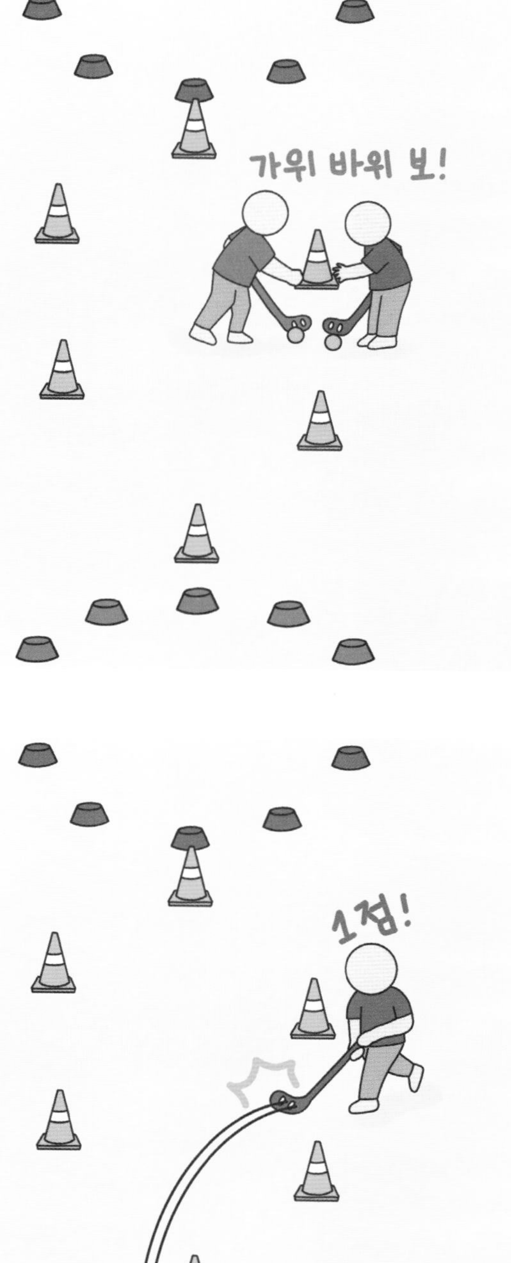

3 채로 공을 치면서 이동하다가 상대편을 만나면, 그 자리에서 멈추고 가위바위보를 한다.

신체놀이 꿀팁

채로 공을 치면서 빠르게 이동하여 상대편 진영 가까이 가면, 가위바위보에서 이겼을 때 더 쉽게 득점할 수 있다는 것을 생각해 보게 한다. 상대편과 충돌하지 않도록 공과 진행 방향을 번갈아 보며 이동하도록 한다.

4 가위바위보에서 이긴 사람이 채로 공을 쳐서 상대편 진영으로 보낸다. 상대편 진영에 공이 들어가면 1점 획득! 다음 출발 신호에 맞추어 양 팀의 다음 주자가 같은 방식으로 경기를 한다.

신체놀이 꿀팁

각 팀 진영 안에 후프를 두고, 후프 안에 공이 정확히 들어가면 1점을 추가로 주는 방식으로 규칙을 변형할 수 있다. 공을 칠 때는 공 치는 세기와 방향에 대해 생각해 보고, 원하는 곳으로 보낼 수 있도록 한다.

4부

세계

단원 설명

통합교과서의 '세계' 단원은 다른 나라와 문화에 대한 이해를 넓히고, 다양한 문화를 존중하는 태도를 기르도록 합니다. 세계 여러 나라의 생활 모습과 전통을 비교하며, 다른 문화를 이해하는 태도를 배우도록 구성되어 있습니다. 따라서 이 책에서는 세계 여러 나라의 전통 놀이와 움직임을 활용하여 신체활동을 통해 자연스럽게 세계 문화를 익힐 수 있도록 했습니다. 철봉에 매달려 획득한 카드를 조합하여 나라 이름을 완성하는 '협동 보물찾기', 철봉, 구름사다리 등 장애물을 통과하며 나라와 관련된 퀴즈를 푸는 '세계일주 릴레이' 같은 놀이를 통해 다른 나라의 문화를 몸으로 경험하며 재미를 느낄 수 있도록 했습니다. 협력과 공존의 가치를 배우는 '달걀아, 깨지지 마!' 놀이를 통해 공동체와 협력하는 태도를 기를 수 있도록 구성했습니다.

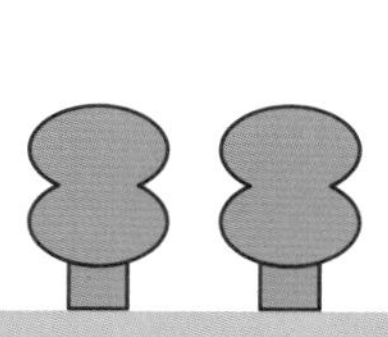

기본 움직임 요소	교실 놀이	강당이나 운동장 놀이
기본동작 모이기	숫자만큼 모여라	순서대로 모여라
몸풀기	엉덩이 달리기 시합	달걀아, 깨지지 마!
도구 활용	거미줄 피하기	
매달리기	협동 보물찾기	세계일주 릴레이
걷기 달리기	위아래 가로세로	잡아라 한 걸음
	나라콘 모으기	선 따라 꼬리잡기
	딩동댕 종을 울려라	운명의 주사위
던지기 치기 차기	플라잉디스크 컬링	날아라 종이비행기

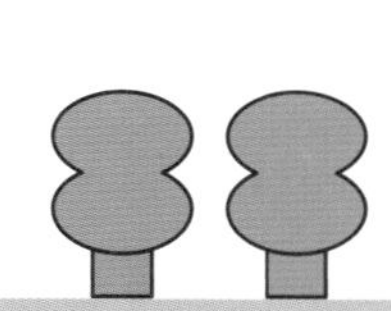

01 기본동작 · 모이기

놀이 1

숫자만큼 모여라

놀이 2

순서대로 모여라

숫자만큼 모여라

- 활동 장소 : 교실
- 활동 인원 : 전체
- 준비물 : 라인테이프(고무줄), 번호뽑기, 성공팔찌

이 활동은 성공팔찌를 얻기 위해 자신이 '뽑은 숫자'와 내가 위치한 '구역의 학생 수'가 같아지도록 계속 이동하며 자리를 잡는 모이기 놀이입니다.

1 교실을 여러 구역으로 나눈다. 학생들은 한 줄로 서서 준비된 번호(1~4)를 뽑아 확인하고, 자신의 숫자를 선생님에게 보여 준 후 다시 넣는다.

신체놀이 꿀팁

교실을 다양한 크기와 모양의 구역으로 나눈다. 번호(홀/짝수, 1~5등)는 교실 및 구역의 크기를 고려하여 선생님 재량으로 준비할 수 있으며, 학생들이 준비된 숫자를 고르게 뽑지 않아도 된다. 번호를 뽑은 후 자신의 숫자를 다른 친구에게 말하지 않도록 미리 약속한다.

2 내가 '뽑은 숫자'와 자신이 위치한 '구역의 학생 수'가 같아지도록 구역을 이동한다.

신체놀이 꿀팁

학생들은 본인이 위치한 구역의 학생 수를 확인하며 종료 시까지 계속 구역을 이동할 수 있다. 구역 이동 시 서로 부딪히거나 다치지 않게 학생들이 구역 사이를 뛰어다니거나 친구를 밀지 않도록 안전을 강조한다. 교실 및 구역의 크기를 고려하여 두 번에 나누어 진행할 수 있다.

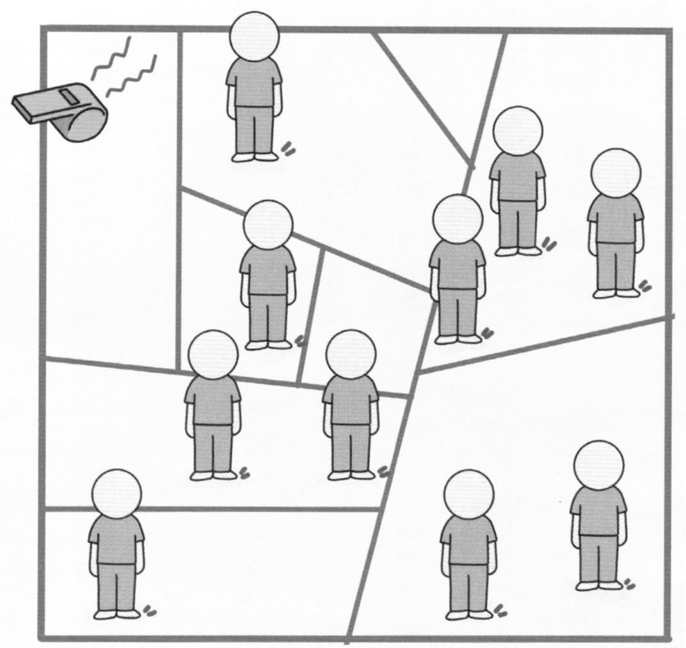

3 정해진 시간이 지나면 종료 신호가 울리고, 학생들은 자신이 위치한 자리(구역)에 멈춘다.

신체놀이 꿀팁

활동 시간을 미리 안내하는 경우 남은 시간을 보여 주지 않거나, 선생님이 활동 시간을 설정하여 학생들이 종료 시점을 예측하지 못하도록 진행한다. 학생들이 활동 종료 시까지 끊임없이 구역을 이동하므로 활동 시간(3~5분 내외)은 너무 길지 않도록 한다.

4 구역별 학생 수를 세어 자신이 '뽑은 숫자'와 '구역의 학생 수'가 같도록 성공한 학생은 성공팔찌를 가져간다.

신체놀이 꿀팁

해당 놀이는 개인의 노력뿐만 아니라 운의 요소도 크게 작용한다. 각 구역의 친구들이 성공할 수 있도록 함께 도와준 것임을 강조한다. 개인별 팔찌의 유무나 개수를 세어 순위를 매기기보다 함께 축하하는 분위기를 조성한다. 또는 놀이를 반복하며 학급 전체의 성공팔찌 개수를 함께 셀 수 있다.

순서대로 모여라

• **활동 장소 : 강당/운동장** • **활동 인원 : 전체**

• **준비물 : 고깔, 번호뽑기, 팀조끼(역할 놀이 머리띠)**

이 활동은 주어진 번호의 친구들을 모두 모아 한 팀을 이루고 가까운 고깔을 찾아 번호 순서대로 한 줄 서기를 하면 완성되는 모이기 놀이입니다.

순서대로 모여라 활동 방법

1 2명씩 짝을 이루어 활동 공간 내 고깔을 원하는 위치에 놓는다.

신체놀이 꿀팁

선생님은 안전을 고려하여 고깔을 배치할 활동 공간을 미리 정해 주고, 가능한 학생들이 넓은 공간에 고깔을 고르게 배치할 수 있도록 안내한다. 고깔 배치가 끝나면 활동 전 학생들이 고깔의 위치를 전체적으로 확인할 수 있도록 한다.

2 학생들은 준비된 번호(1~4)를 뽑아 확인하고, 번호에 해당하는 색깔의 조끼를 가져가 입는다.

신체놀이 꿀팁

선생님은 학급의 학생 수를 고려하여 나누어떨어지도록 번호를 준비한다. 간단한 번호 안내와 함께 색깔별 조끼를 순서대로 배치해 학생들이 자신이 뽑은 번호에 알맞은 색깔의 조끼를 가져가도록 돕는다. 색깔별 조끼가 부족한 경우, 역할 놀이 머리띠에 자신이 뽑은 숫자를 적어 활동할 수 있다. 이때 다른 친구들이 알아볼 수 있도록 번호를 크고 정확하게 적도록 한다.

3 시작 신호와 동시에 친구들의 번호를 확인하고 1번부터 4번까지 모든 번호를 모아 한 팀을 만든다.

신체놀이 꿀팁

선생님은 학생들이 한 팀을 만들 때, 처음에는 번호 순서와 상관없이 팀원끼리 손을 잡고 이동하거나, 처음부터 번호 순서대로 기차놀이 방법으로 이동하도록 안내할 수 있다.

4 팀별로 원하는 위치의 고깔을 선택해 번호 순서대로 한 줄 서기를 한다. 마지막 팀까지 한 줄 서기를 완성하면 함께 학급 성공 구호를 외친다.

신체놀이 꿀팁

고깔 종류가 2가지 이상으로 충분한 경우, 한 줄 서기를 할 수 있는 고깔을 추가하여 활동할 수 있다. 활동에 익숙해지면 처음 가져간 색깔의 팀조끼를 계속 착용한 상태로 색깔별 조끼의 번호만 바꾸어 한 줄 서기의 순서 배치가 계속 달라지도록 변형하여 활동을 여러 번 진행할 수 있다.

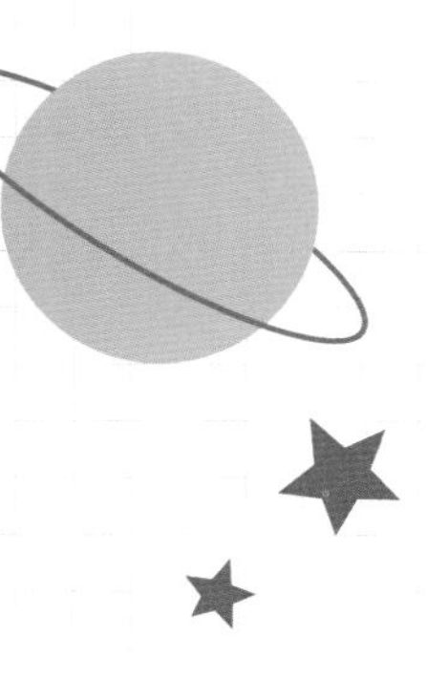

02

몸풀기

놀이 1

엉덩이 달리기 시합

놀이 2

달걀아, 깨지지 마!

엉덩이 달리기 시합

・활동 장소 : 교실　　・활동 인원 : 전체　　・준비물 : 고깔콘 2개

이 활동은 두 발 모아 뛰기로 반환점까지 간 뒤, 엉덩이 걷기로 돌아오는 릴레이 달리기 놀이입니다.

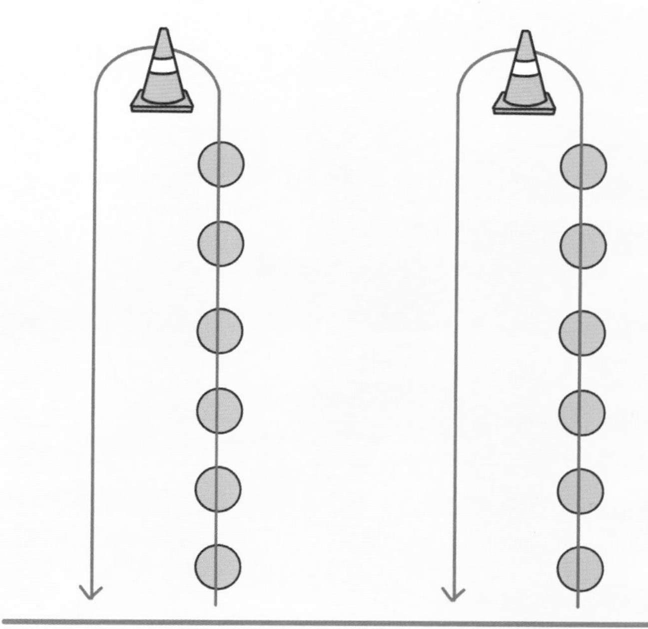

1 학급 전체를 두 모둠으로 나누어 벽에 줄을 서서 기다린다. 고깔 2개로 모둠별 반환점을 표시한다.

신체놀이 꿀팁

두 모둠으로 나누어 릴레이 달리기 활동을 할 수 있도록 공간을 충분히 확보한다. 두 모둠이 서로 부딪히지 않도록 미리 뛰는 경로를 알려 준다.

2 모둠 내에서 순서를 정한다. 시작 신호에 맞춰 첫 번째 학생은 반환점 앞 원마커까지 두 발 모아 뛰기로 간다.

신체놀이 꿀팁

적당한 거리로 두 발 모아 뛰기를 할 수 있도록 바닥에 원마커, 분필 등으로 표시해 놓을 수 있다. 두 발 모아 뛰기 대신 런지로 걷기 등 몸풀기 동작을 추가해도 좋다.

3 반환점을 돈 후 바닥에 앉아 엉덩이로 걷는다. 손으로 바닥을 밀어서는 안 되며, 출발선 안에 엉덩이가 들어가면 다음 주자에게 하이파이브로 이어 줄 수 있다.

신체놀이 꿀팁

허리를 곧게 펴고 팔을 앞뒤로 흔들며 양쪽 엉덩이 근육을 이용해 전진하도록 한다. 무릎을 많이 구부려 이동하면 엉덩이 근육을 덜 사용하게 되니 놀이 전 엉덩이로 걷는 자세를 연습하고 시작하면 좋다.

4 모둠의 모든 학생이 다 돌아오고, 마지막 학생의 엉덩이가 먼저 출발선 안으로 들어온 모둠이 승리한다.

신체놀이 꿀팁

마지막 학생에 다다를수록 또는 경쟁이 과열될수록 학생들이 흥분해 자세가 흐트러지기 쉽다. 해당 놀이의 목적이 '몸풀기'라는 것과 학습 시간임을 강조하며 학생들이 놀이 규칙을 잘 지키도록 한다.

달걀아, 깨지지 마!

• **활동 장소 : 강당**　• **활동 인원 : 전체**　• **준비물 : 탁구공, 원마커, 바구니**

이 활동은 모둠별로 함께 다리를 늘이며 다른 모둠보다 빠르게, 하지만 떨어뜨리지 않도록 조심히, 탁구공을 전달해야 하는 경쟁형 놀이입니다.

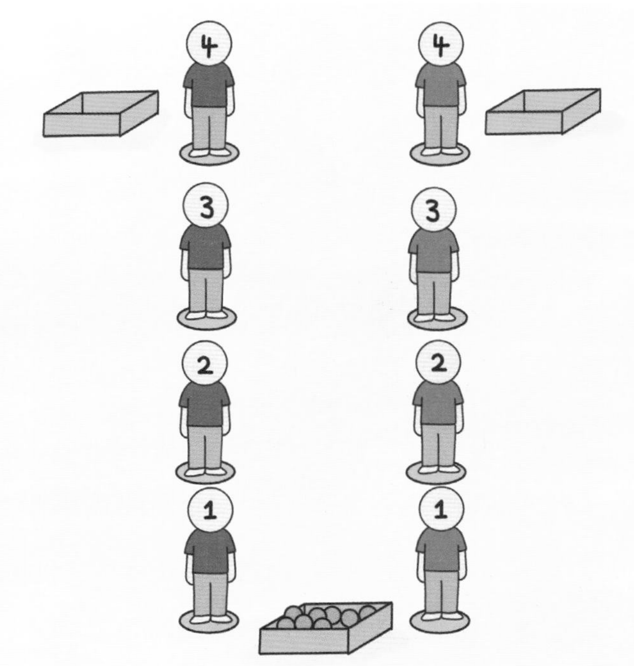

1 학급 전체를 두 모둠으로 나눈다. 넓은 간격으로 한 줄씩 서게 하고, 학생마다 원마커를 1개씩 준다. 원마커가 있는 곳이 자기 자리가 된다.

신체놀이 꿀팁

활동하기 전, 학급의 절반 학생이 넓은 간격으로 한 줄을 설 공간을 충분히 확보한다. 학생 사이 간격은 선생님이 정하기보다, 좌우로 좁은 팔 나란히 한 후 다리를 늘이게 하고 그때 앉은 지점을 원마커로 정하면 좋다.

2 원마커에서 다리를 길게 늘인다. 시작 신호에 맞춰 첫 번째 학생이 탁구공을 뒤에 있는 학생에게 전달한다.

신체놀이 꿀팁

탁구공은 두 모둠의 첫 번째 학생들 가운데 모아 둔다. 또 다리를 늘인 상태에서 손을 쭉 뻗어 탁구공을 전달하게 한다.

3 마지막 학생이 바구니에 탁구공을 넣을 때, "달걀이 왔어요!"라고 외친다. 이 소리를 들어야 다시 첫 번째 학생부터 새로운 탁구공을 전달할 수 있다.

신체놀이 꿀팁

마지막 학생의 외침이 잘 들리지 않을 수 있다. 귀를 기울이기 위해 모두 다 말을 하지 않는 침묵 규칙을 더하여도 되고, 외침 대신 터치 핸드벨을 울리는 등 다른 도구를 사용해도 좋다.

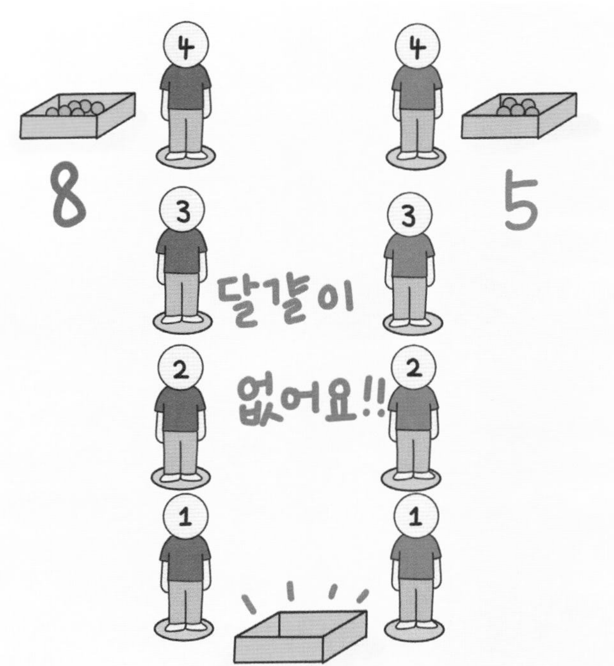

4 더 이상 옮길 탁구공이 없으면 전체 다 같이 "달걀이 없어요!"를 외친다. 더 많은 개수의 탁구공을 전달한 모둠이 승리한다.

신체놀이 꿀팁

만약 전달 중에 탁구공을 바닥에 떨어뜨렸다면, 달걀이 깨진 것과 같으므로 무효가 된다. 탁구공 대신 티볼공, 배구공 등으로 대체하여도 재미있다. 놀이를 1회 진행하고, 위치를 바꾸어 다시 진행해도 좋다.

03 도구 활용

놀이 1

거미줄 피하기

거미줄 피하기

• **활동 장소 : 교실** • **활동 인원 : 두 팀 경쟁** • **준비물 : 점프밴드, 솜털공, 바구니**

이 활동은 거미줄을 피해 솜털공을 운반하는 릴레이 경쟁형 놀이입니다.

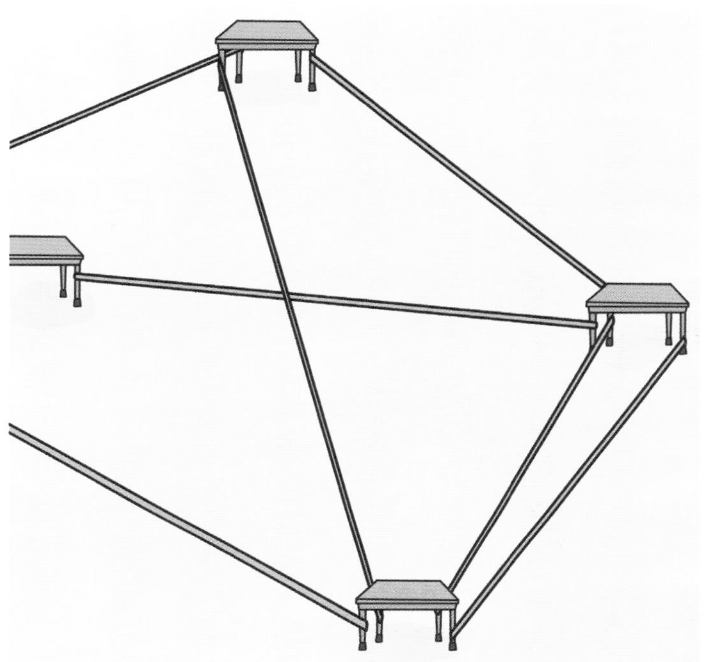

1 교실 안에서 여러 개의 점프밴드가 서로 엇갈리도록 설치하여 거미줄 같은 공간을 만든다.

신체놀이 꿀팁

책걸상을 뒤로 밀어, 점프밴드를 설치할 공간을 충분히 확보하고, 점프밴드를 걸 수 있는 책상, 의자를 준비한다. 점프밴드를 너무 높게 설치하지 않도록 주의하고, 학생 수준에 맞춰 의자 다리나 등받이에 걸어 높낮이를 조절할 수 있다.

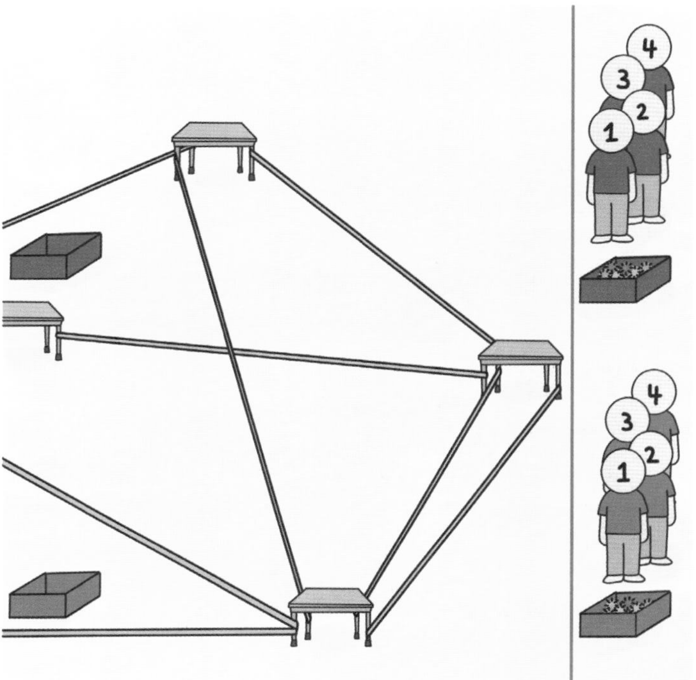

2 학생들을 두 팀으로 나눈 뒤, 출발점과 도착점에 바구니를 놓는다.

신체놀이 꿀팁

팀별로 바구니 색을 구분하여, 학생들이 공을 넣을 바구니를 헷갈리지 않도록 한다.

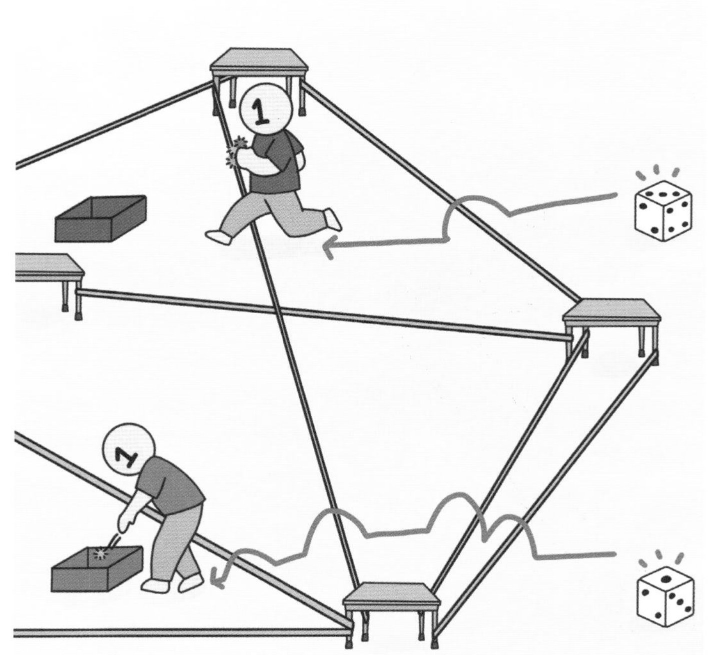

3 출발점에서 주사위를 굴려 나온 주사위 수만큼 바구니에 있는 솜털공을 잡고, 도착점에 있는 바구니에 넣는다.

신체놀이 꿀팁

솜털공을 충분히 준비하여 모든 학생이 공을 옮길 수 있도록 한다.

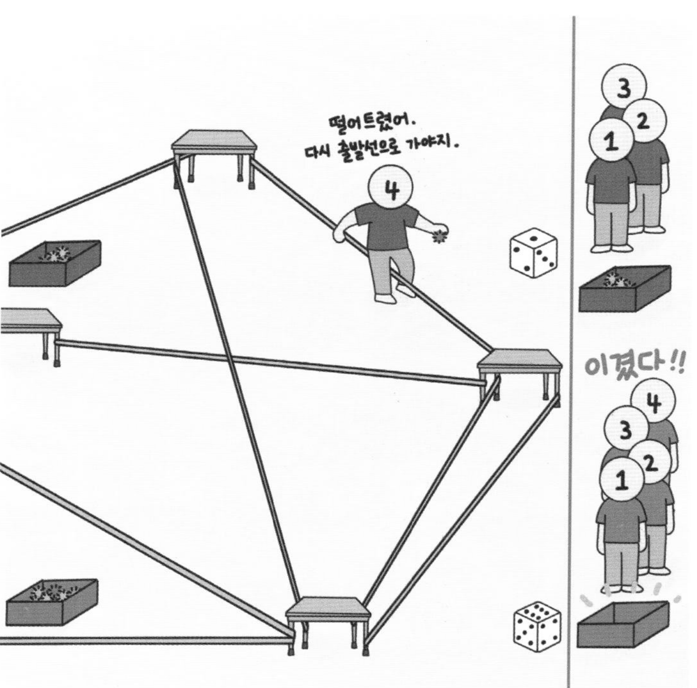

4 거미줄에 몸이 닿거나 공을 떨어트리면, 떨어진 공을 주워 출발점에서 다시 시작한다. 도착점까지 바구니의 모든 공을 빨리 옮긴 팀이 승리한다.

신체놀이 꿀팁

도착점에 도착한 친구들은 놀이에 참여하는 친구들의 심판 역할을 할 수 있다. 출발점과 도착점의 거리가 멀어질수록, 거미줄의 높이가 높아질수록 난이도가 올라간다.

04

매달리기

놀이 1

협동 보물찾기

놀이 2

세계일주 릴레이

협동 보물찾기

• 활동 장소 : 교실

• 활동 인원 : 모둠 릴레이

• 준비물 : 간이철봉 또는 접이식 실내철봉, 글자카드

이 활동은 모둠원이 각자 목표한 시간만큼 철봉에 매달려 획득한 카드를 조합해 나라 이름을 가장 빨리 완성하면 승리하는 놀이입니다.

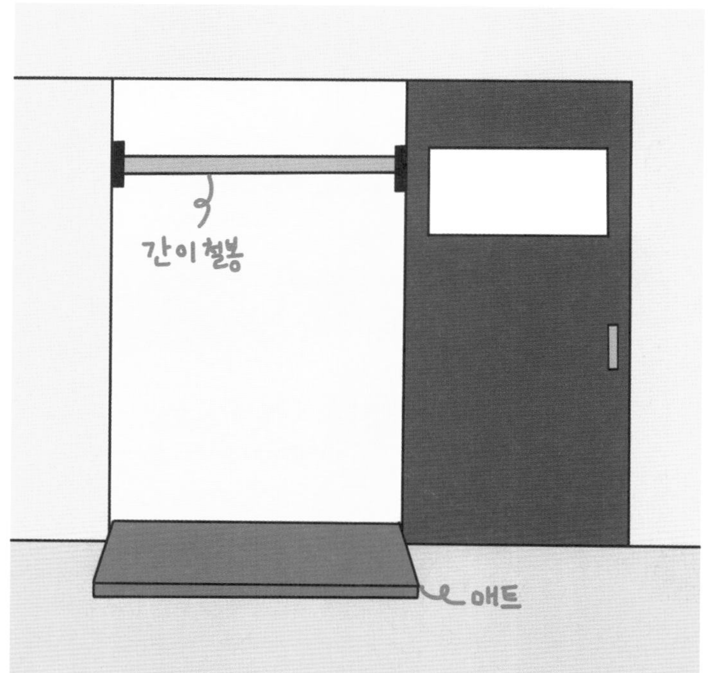

1 교실 문틀에 간이철봉을 설치한다. 접이식 실내철봉이 있는 경우 이를 활용해도 좋다.

신체놀이 꿀팁

간이철봉이나 접이식 실내철봉이 없는 경우, 체육관이나 운동장에 있는 시설을 이용할 수 있다. 부상을 방지하기 위해 철봉 밑에 매트를 놓는다.

2 4~5명이 한 모둠이 되도록 구성하고 도전 순서를 정한다.

신체놀이 꿀팁

학생들의 운동 능력이 균형을 이루도록 모둠을 구성한다. 매달리기 활동을 어려워하는 학생과 도움을 줄 수 있는 학생이 함께 모둠이 될 수 있도록 구성한다. 여분의 철봉이 있다면 연습 구역을 만든다.

3 1명씩 매달리기에 도전해 정해진 시간만큼 버티면 글자카드를 1장씩 획득한다. 모둠의 첫 번째 학생이 도전을 시작하면 시간을 측정한다.

> **신체놀이 꿀팁**
>
> 첫 번째 학생이 매달리기를 시작할 때부터 마지막 나라 이름을 완성할 때까지 걸린 전체 시간을 측정한다. 타이머를 미리 2개 준비해 1개는 매달리기 시간을 측정하고, 1개는 미션 수행 시간을 측정하면 편리하다. 매달리기 시간은 학생들의 운동 능력에 맞게 정한다. 매달리기를 어려워하는 학생은 모둠 내 다른 친구들이 잡아 주는 등 도움을 줄 수 있다.

4 획득한 글자카드를 조합해 완성한 나라 이름을 칠판에 붙인다. 철봉 매달리기부터 나라 이름 조합까지 걸린 시간이 제일 짧은 모둠이 승리한다.

> **신체놀이 꿀팁**
>
> 나라 이름 글자 수가 모둠 학생 수와 일치하지 않을 경우, 1장의 카드에 2글자 이상 넣을 수 있다. 예를 들면 '나이', '지', '리', '아'. 모둠원들이 협동하여 나라 이름을 조합하도록 한다.

세계일주 릴레이

• 활동 장소 : 강당/운동장

• 활동 인원 : 모둠별 릴레이

• 준비물 : 다양한 장애물, 여러 나라 국기 그림, 퀴즈 문제

이 활동은 릴레이로 철봉, 구름사다리, 후프, 매트 등 다양한 장애물(나라)을 통과하고, 해당 나라들과 관련된 퀴즈를 해결하는 놀이입니다.

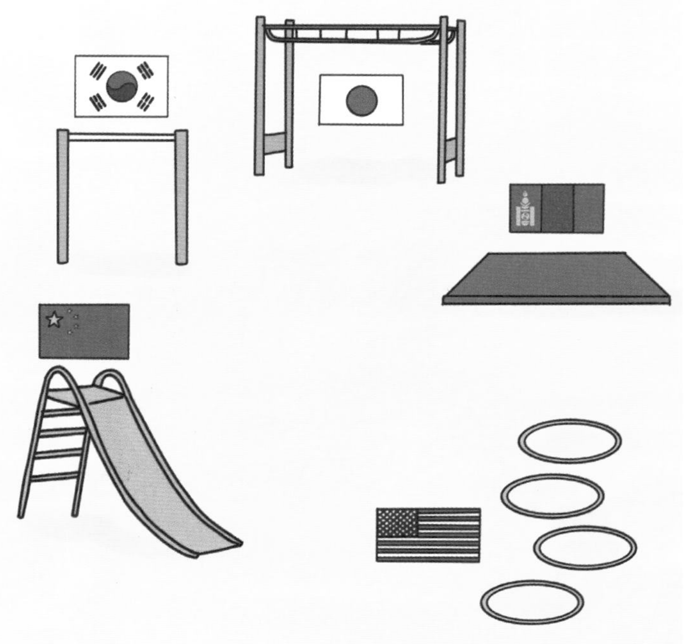

1 철봉, 구름사다리, 매트, 후프 등의 장애물을 설치하고 각 장애물에 다른 나라의 국기 그림을 붙인다.

신체놀이 꿀팁

철봉, 구름사다리, 미끄럼틀 등 학교에 있는 다양한 시설을 적극 활용한다. 이러한 시설이 부족한 경우 매트에서 옆으로 구르기, 훌라후프 징검다리 건너기 등 교구를 활용한 장애물을 설치한다. 각 장애물에는 교과에서 배운 나라들의 국기와 대표 장소 등을 붙인다(세계일주 테마).

2 4~5명이 한 모둠이 되도록 구성하고, 각 모둠원이 맡을 장애물을 정한다.

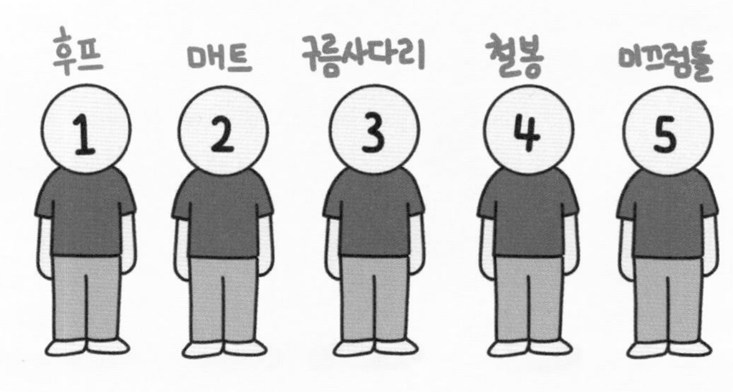

신체놀이 꿀팁

학생들의 운동 능력이 균형을 이루도록 모둠을 구성한다. 각 모둠원이 장애물을 맡아 릴레이로 도전하는 활동이므로 학생별로 자신 있는 장애물을 맡도록 한다. 활동에 어려움을 겪는 학생은 선생님이나 같은 모둠 학생이 도움을 주도록 한다.

3 첫 번째 주자가 출발해 첫 번째 장애물을 통과하고, 다음 장애물로 달려가 다음 주자와 하이파이브를 해야만 다음 주자가 미션을 시작할 수 있다.

신체놀이 꿀팁

두 모둠씩 경주하며, 팀조끼가 있으면 이를 활용한다. 모든 모둠원이 놀이 시작 전 자신이 맡은 장애물 앞에서 대기하고, 이때 각 주자의 출발선을 마스킹 테이프나 콘 등으로 표시한다. 자기 역할을 끝낸 주자는 경주에 방해가 되지 않도록 멀리 돌아 결승점으로 가서 퀴즈 미션을 위해 기다린다.

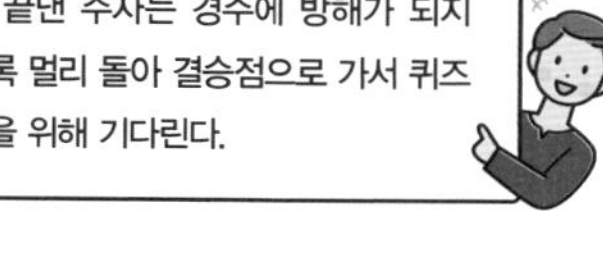

4 마지막 주자가 먼저 결승점을 통과한 모둠이 '세계 퀴즈'에 먼저 대답할 기회를 얻는다.

신체놀이 꿀팁

세계 퀴즈는 교과에서 배운 간단한 내용으로 구성한다(본문 232쪽 퀴즈 자료 참고). 학생들이 퀴즈를 어려워하면 나라 이름 초성 퀴즈로 대체 가능하다. 선생님이 퀴즈를 내는 방식이 아닌, 바구니에 퀴즈 쪽지를 담아 놓고 먼저 도착한 팀이 바구니에서 쪽지를 뽑아 퀴즈를 맞히는 방식으로 진행해도 재미있다.

세계일주 릴레이 퀴즈 자료

(교과서 50~55쪽, 지도서 576~577쪽 내용을 바탕으로 제작)

1 추수감사절은 어느 나라의 명절인가요? 힌트: ㅁㄱ
답 : 미국

2 중추절은 어느 나라의 명절인가요? 힌트: ㅈㄱ
답 : 중국

3 게르는 어느 나라의 전통 집인가요? 힌트: ㅁㄱ
답 : 몽골

4 만리장성은 어느 나라의 유적인가요? 힌트: ㅈㄱ
답 : 중국

5 일본의 전통 음식에는 어떤 것이 있나요?
답 : 초밥

6 키위새는 어느 나라의 대표적인 동물인가요? 힌트: ㄴㅈㄹㄷ
답 : 뉴질랜드

7 오른손으로 밥을 직접 떠먹는 나라는 어디인가요? 힌트: ㅇㄷ
답 : 인도

8 일본과 우리나라의 식사 방식에는 어떤 차이가 있나요?
답 : 일본은 밥그릇을 들고 먹는다. 일본은 젓가락으로 밥을 먹는다.

9 다른 문화를 대하는 바람직한 태도는 무엇인가요?
답 : 다른 문화를 존중하고 이해한다.

10 에펠탑은 어느 나라의 자랑거리인가요? 힌트: ㅍㄹㅅ
답 : 프랑스

05

걷기 · 달리기

놀이 1

위아래 가로세로

놀이 2

잡아라 한 걸음

놀이 3

나라콘 모으기

놀이 4

선 따라 꼬리잡기

놀이 5

딩동댕 종을 울려라

놀이 6

운명의 주사위

위아래 가로세로

• 활동 장소 : 교실 • 활동 인원 : 전체 • 준비물 : 마스킹테이프

이 활동은 술래는 라인을 따라서 좌우로, 나머지 친구들은 건너편 벽을 향해 술래를 가로질러 다니며 진행하는 술래잡기 놀이입니다.

1 교실 가운데 마스킹테이프로 라인을 정하고 술래는 라인 가운데에, 나머지 학생들은 양쪽 벽에 붙어서 선다.

신체놀이 꿀팁

인원수를 반으로 나누어 양쪽 벽에 적절하게 설 수 있도록 한다. 인원수가 많은 경우 공간이 부족할 수 있으므로 두 그룹으로 나누어 진행한다. 술래와 학생들이 서로를 가로질러 이동하는 놀이이므로 교실 내 충분한 공간을 확보한다. 학생들이 술래를 쉽게 알아볼 수 있도록 술래에게 조끼를 제공하면 좋다.

2 술래가 먼저 걸음 수를 제시한다.

신체놀이 꿀팁

교실의 공간을 고려하여 최대 몇 걸음까지 제시할 수 있을지 학생들과 활동 전 이야기를 나눈다.

3 걸음 수에 맞추어 술래는 라인을 따라 좌우로 이동하고, 나머지 친구들은 반대편 벽을 향해 가로질러 '동시에' 걸어간다.

신체놀이 꿀팁

술래와 학생들이 동시에 이동하므로 서로 부딪혀 다치지 않도록 미리 안전 지도를 한다. 술래가 다른 친구들의 이동 방향을 본 후 이동하지 않고 동시에 움직이도록 강조한다. 뛰는 동작이 아닌 '걷기'임을 명시한다.

4 잡힌 사람은 다음 차례의 술래가 된다. 잡히기 전까지 나머지 학생들은 양쪽 벽을 터치하며 왔다 갔다 함께 이동한다.

신체놀이 꿀팁

벽을 터치한 후 반드시 반대쪽으로 이동한다. 놀이에 익숙해지면 시간을 정해 놓고 놀이하기, 술래 인원수 늘려서 놀이하기, 술래와 걸음 수 다르게 해서 놀이하기 등 규칙을 다양하게 변형할 수 있다. 걸음 수를 지켜서 이동할 수 있도록 "하나, 둘, 셋" 구호를 외치며 이동한다.

잡아라 한 걸음

• 활동 장소 : 강당/운동장 • 활동 인원 : 전체 • 준비물 : 마스킹테이프, 팀조끼

이 활동은 두 팀으로 나뉘어 한 걸음 술래잡기를 진행하며 상대 팀 친구들을 먼저 모두 잡으면 승리하는 놀이입니다.

1 두 팀으로 나눈 후 각 팀의 대표(술래)를 정한다. 두 팀 모두 네모난 라인 안에 들어간다.

신체놀이 꿀팁

모든 학생이 이동하는 데 불편함이 없도록 충분한 공간을 확보한다. 각 팀을 구별할 수 있도록 팀조끼를 착용한다. 또한 술래를 쉽게 알아볼 수 있도록 모자 같은 소품을 제공하면 좋다.

2 걸음 수를 외치며 네모 라인 안에서 모두 이동한다. 각 팀의 술래들은 상대 팀 친구들을 잡는다.

신체놀이 꿀팁

놀이의 원활한 진행을 위해 적절한 크기로 네모 라인을 설정하고, 라인 바깥쪽으로 이동하지 않도록 미리 지도한다. 네모난 공간 안에서 이동할 수 있는 최대 걸음 수를 정하고 놀이한다. 이동할 때 부딪히지 않도록 안전에 유의한다. 친구를 잡을 때 흥분하여 너무 세게 잡거나 밀치지 않도록 지도한다.

3 잡힌 사람은 네모 라인 바깥으로 이동한다.

신체놀이 꿀팁

잡힌 학생들은 라인 안으로 들어가지 않도록 지도한다. 잡힌 인원이 늘어나면 라인 안 학생 밀집도가 낮아져 공간이 점점 넓어지므로 걸음 수를 늘려 가며 놀이하면 좋다.

4 상대 팀의 모든 친구를 먼저 잡은 팀이 승리한다.

신체놀이 꿀팁

바르게 걷거나 달리는 동작에 집중하며 즐겁게 놀이에 참여하는 것이 목적이므로 팀의 승패보다 놀이 과정에 더 의미를 둘 수 있도록 지도한다. 놀이에 익숙해지면 시간을 정해 놓고 시간 내에 더 많은 친구를 잡은 팀이 승리하는 방식으로 진행해도 좋다.

나라콘 모으기

• 활동 장소 : 교실 • 활동 인원 : 4~5명씩 두 팀 경쟁
• 준비물 : 접시콘, 바구니, 원마커, 색테이프

이 활동은 나라 이름이 적힌 접시콘을 머리에 올린 채 균형을 잡으며 접시콘을 모으는 협동 이어달리기 놀이입니다.

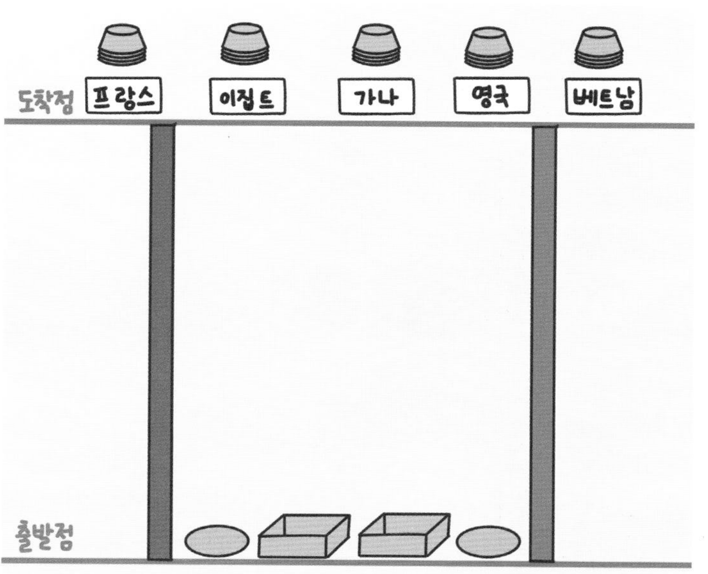

1 경기장에 출발점과 도착점(공항)을 준비하고, 도착점에 나라 이름이 적힌 접시콘을 놓는다.

신체놀이 꿀팁

도착점에 접시콘을 가로로 두어 진행한다. 출발점과 도착점을 잇는 선에는 종이 테이프를 이용할 수 있다. 나라 이름 대신 나라별 랜드마크로 바꾸어 진행할 수 있다. 바구니는 학생들의 동선을 고려해 각 팀 출발선 사이에 둔다.

2 두 팀으로 나뉘어 출발점 뒤에 각 한 줄로 선다. 출발 신호가 울리면 선을 따라 도착점까지 이동한다.

신체놀이 꿀팁

선을 따라 걸을 때, 팔을 벌리면 균형을 더 쉽게 잡을 수 있다. 활동 전 간단히 연습해 보면 좋다. 출발 신호와 함께 선생님이 나라 이름을 외쳐 가져오도록 하거나, 가져올 나라의 순서를 정해 주는 방식으로 놀이를 진행할 수 있다.

1 도착점(공항)에서 접시콘 1개를 집어 머리에 얹는다. 선을 따라 출발점으로 다시 돌아간다.

신체놀이 꿀팁

접시콘을 떨어뜨리는 경우, 그 자리에서 머리에 얹고 두 손이 접시콘에서 떨어진 상태에서 다시 시작하도록 한다. 콘을 운반하기 어려워하는 경우 콩주머니, 사각형 빈백을 활용할 수 있다.

2 도착하면 원마커를 밟고 바구니에 접시콘을 넣은 후 줄의 맨 뒤로 간다. 다음 팀원이 출발하여 릴레이로 시간 안에 더 많은 접시콘을 모으면 승리한다.

신체놀이 꿀팁

다음 팀원에게 배턴 터치를 할 때, 하이파이브와 같이 간단한 방법으로 진행할 수도 있다. 팀원 4명 기준 3~4분으로 제한 시간을 두되 인원에 따라 늘리거나 줄인다. 바구니에 접시콘을 넣는 방법은 학생 수준에 따라 다르게 할 수 있다. 고개를 숙여 바구니에 넣거나, 머리 위 접시콘을 손으로 잡아 바구니에 넣는다.

선 따라 꼬리잡기

• 활동 장소 : 강당/운동장
• 활동 인원 : 두 팀 경쟁
• 준비물 : 꼬리잡기(학생 수 × 3), 팀조끼, 라바콘

이 활동은 꼬리잡기 띠를 매고 선을 따라 걷다 만난 친구와 가위바위보를 하여 더 많은 꼬리를 얻는 놀이입니다.

선 따라 꼬리잡기 활동 방법

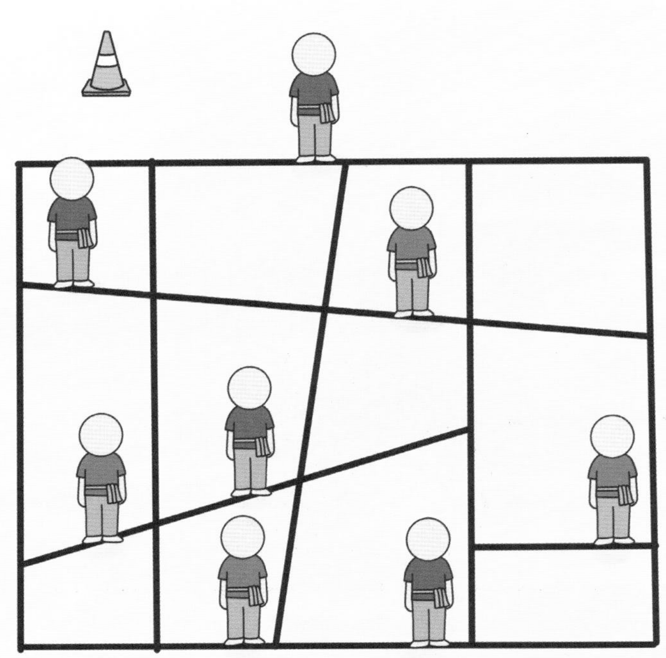

1 경기장의 범위를 정한 뒤 학생들을 두 팀으로 나눈다. 개인별로 꼬리잡기 띠를 3개씩 붙인다. 학생들은 강당에 그려진 선 위에 거리를 벌리고 선다.

신체놀이 꿀팁

강당 절반 정도를 활용하고 이후에 범위를 늘려 가면 좋다. 아웃되면 앉아 있을 공간을 원마커나 라바콘으로 표시하고 미리 안내한다. 팀조끼를 활용하여 팀을 구분하도록 한다. 홀짝으로 팀을 정하면 간단하다.

2 활동 시간을 3~5분으로 정한다. 선생님이 5, 4, 3, 2, 1을 세고 "시작!"을 외치면 놀이를 시작한다.

신체놀이 꿀팁

처음 붙이는 꼬리의 개수를 더 적게 또는 많이 하여 놀이를 변형할 수 있다. 개수가 많을수록 경기 시간이 길어진다. 주고받기 쉽게 앞쪽에 꼬리를 붙인다. 경기장 크기에 따라 시간을 조정한다. 뛰기가 아닌 빨리 걷기로 선을 따라 이동해야 안전하고 재미있게 놀이를 진행할 수 있다.

도 전

가위 바위 보 !

3 강당 위에 그려진 선을 따라 걷다가, 다른 친구와 마주치게 되면 "도전!"을 외치고 가위바위보를 한다.

신체놀이 꿀팁

그려진 선을 따라 걸을 때의 규칙이 필요하다.

- 선과 선이 만나는 곳(교차점)에서 다른 선으로 이동이 가능하다.
- 뒤로 이동이 가능하다.
- 옆쪽 선에 사람이 없을 때, 선과 선 사이를 점프하여 건널 수 있다. (단, 선만 밟아야 한다.)

꼬리 0개

꼬리 줘~

4 진 사람은 이긴 사람에게 자신의 꼬리를 떼어 준다. 꼬리를 모두 잃으면 지정된 장소로 가서 앉는다. 제한 시간 동안 꼬리를 더 많이 얻는 팀이 이긴다.

신체놀이 꿀팁

꼬리는 한 사람당 최대 5개까지 붙일 수 있다. 5개가 넘으면 팀원에게 나눠 주어야 한다. 꼬리를 손에 들고 다니지 않는다. 1개라도 꼬리가 남아 있을 때, 팀원에게 꼬리를 받을 수 있다. 점핑잭을 3번 한 후 선생님에게 꼬리 1개를 얻는 방법으로 규칙을 변형할 수도 있다.

딩동댕 종을 울려라

• 활동 장소 : 교실　　• 활동 인원 : 전체　　• 준비물 : 접시콘, 종 2개

이 활동은 접시콘을 머리 위에 얹고 걸으며, 상대보다 먼저 종을 치는 경쟁형 놀이입니다.

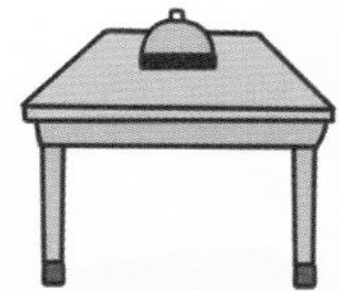

1 책상 2개를 양 끝에 두고, 그 위에 종을 준비한다.

신체놀이 꿀팁

학생 2명이 빠르게 걸을 수 있을 정도의 공간을 충분히 확보한다. 종은 일반적으로 보드게임용 종이 적합하나, 종이 교실에 없으면 탬버린, 캐스터네츠, 마라카스 등 소리 나는 물건으로 대체할 수 있다.

2 주자는 머리 위에 접시콘을 얹은 채 빠르게 걸어 이동한다.

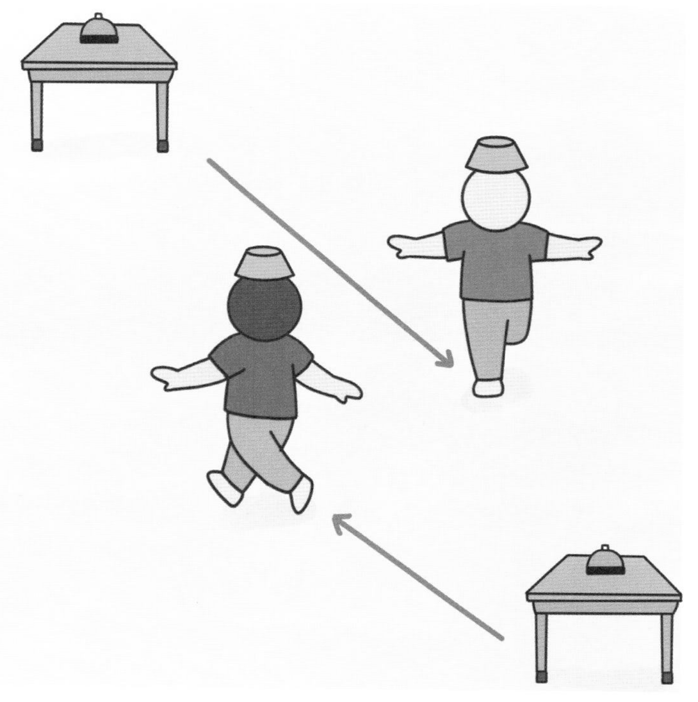

신체놀이 꿀팁

접시콘은 넓은 면이 머리에 닿도록 한다. 학생들이 활동에 익숙해지면 접시콘을 뒤집어(좁은 면) 놀이의 난이도를 올릴 수 있다. 해당 놀이의 움직임 요소는 '걷기'이므로 무작정 빠르게 도착하는 것보다 중심을 잡으며 걷는 것이 이 놀이의 중요 포인트이다. 개인전으로 진행하거나, 팀을 구성하여 릴레이 팀전으로 운영해도 좋다.

3 상대방의 종을 먼저 치는 학생이 승리한다.

신체놀이 꿀팁

접시콘을 떨어뜨린 상태에서 종을 치는 것은 인정하지 않는다. 만약 접시콘을 떨어뜨렸다면 그 자리에서 재빨리 주워 머리에 올리고 출발한다.

운명의 주사위

• 활동 장소 : 강당/운동장 • 활동 인원 : 전체 • 준비물 : (숫자)고깔 6개, 주사위

이 활동은 주사위에 나온 숫자의 거리만큼 달리고, 릴레이로 가장 빨리 돌아오는 모둠이 승리하는 변형 이어달리기 놀이입니다.

운명의 주사위 활동 방법

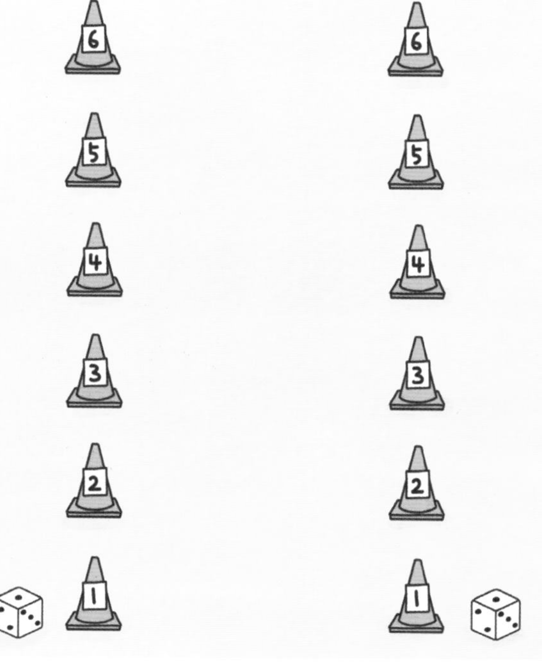

1 숫자 고깔 6개를 거리별로 배치한다.

신체놀이 꿀팁

숫자가 쓰인 고깔이 가장 적합하나, 해당 고깔이 없다면 원마커 또는 접시콘으로 대체한다. 주사위 1~2는 고깔 1개, 주사위 3~4는 고깔 2개, 주사위 5~6은 고깔 3개로 변형하여 거리를 조정할 수 있다.

2 주자는 주사위를 던져 나온 수만큼 고깔을 지나 돌아온다.

신체놀이 꿀팁

주자가 함께 반환점을 돌아오는 경우 서로 부딪히지 않도록 주의한다. 주사위 대신 선생님 혹은 대표학생과 가위바위보를 하고 주먹으로 이기면 고깔 1개, 가위로 이기면 고깔 2개, 보로 이기면 고깔 5개를 지나 돌아오는 것으로 변형할 수 있다.

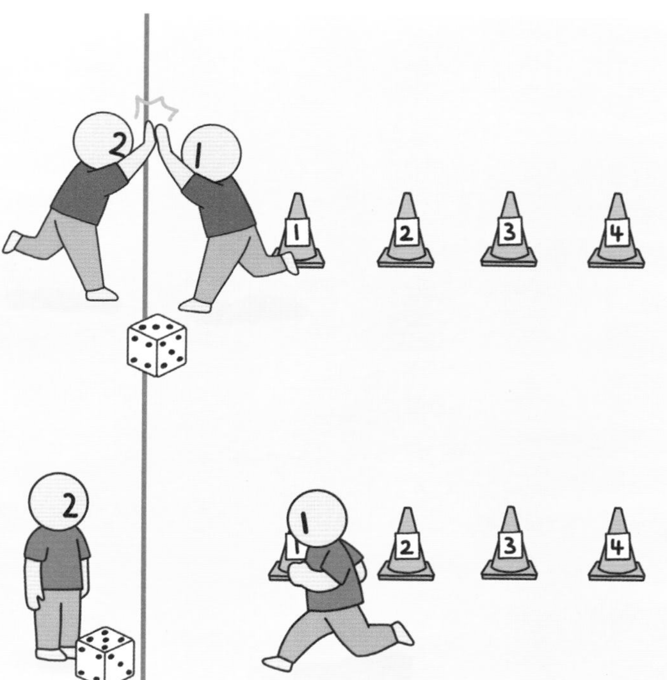

3 주자는 다음 주자와 하이파이브하여 순서를 넘긴다. 마지막 모둠원까지 릴레이로 진행하며 먼저 돌아오는 모둠이 승리한다.

신체놀이 꿀팁

'주사위'라는 운의 요소가 묘미인 놀이이다. 다만 모둠원 수가 너무 많으면 마지막 주자가 달리기도 전에 승부가 빨리 결정 날 수 있으니, 가능하면 모둠원 수는 5명을 넘지 않도록 한다.

06

던지기 · 치기 · 차기

놀이 1

플라잉디스크 컬링

놀이 2

날아라 종이비행기

플라잉디스크 컬링

• 활동 장소 : 교실/강당

• 활동 인원 : 전체

• 준비물 : 플라잉디스크, 컬링판, 원마커

이 활동은 바닥에 컬링판을 깔고, 팀을 나누어 플라잉디스크를 던져 점수를 얻는 팀 협동 놀이입니다.

1 2명씩 짝을 짓고, 마주 보고 서서 플라잉디스크를 던지는 연습을 한다.

신체놀이 꿀팁

플라잉디스크는 수평으로 던진다. 짝과의 간격을 처음에는 짧게, 점점 멀리 이동하며 단계를 높인다. 공간이 부족하면 4~5인 소그룹 원을 만들어 순서대로 던진다. 던지기 활동에 집중하며, 마주 보는 짝이 무리하여 플라잉디스크를 잡지 않도록 안내한다. 떨어진 플라잉디스크를 주워서 던진다.

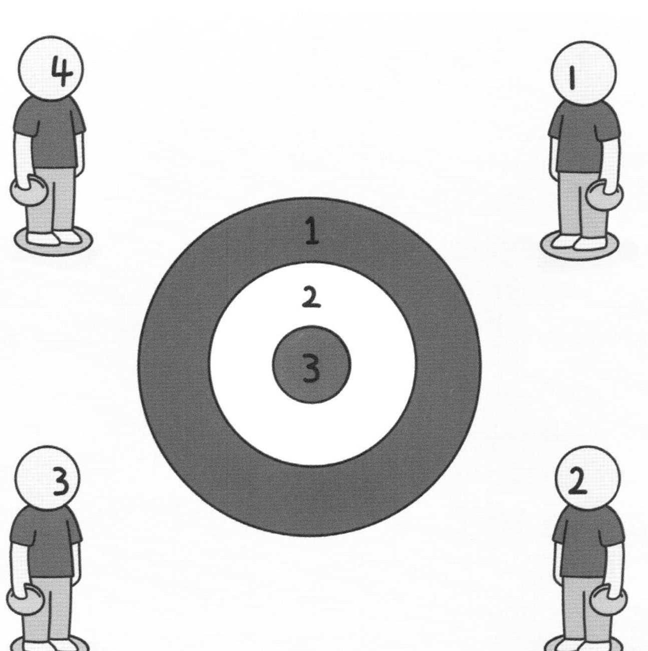

2 가운데 컬링판을 두고 원마커 또는 고깔로 자리를 표시한다. 4~6인이 1조를 이루고, 조원들은 자리마다 플라잉디스크를 들고 선다.

신체놀이 꿀팁

컬링판과 자리의 거리는 처음에는 가깝게, 회를 거듭할수록 점점 멀리하여 난이도를 올린다. 원(배점)을 늘려서 난이도를 조절할 수도 있다. 플라잉디스크 착지 후 밀려 나가는 간격도 있음을 미리 안내한다. 부상 방지를 위하여 1명씩 순서대로 던지도록 한다.

3 순서대로 컬링판 중앙을 향해 플라잉디스크를 던지고, 조별 점수를 합산하여 우승을 가린다.

신체놀이 꿀팁

플라잉디스크가 두 점수에 걸칠 경우, 더 높은 점수로 정한다. 플라잉디스크가 다른 플라잉디스크를 쳐서 밀어낼 경우 점수가 바뀔 수 있다. 조원 모두 던지기가 끝난 후 점수를 합산한다. 컬링판이 두 세트 이상 여유 있다면, 두 팀씩 경기 후 결승전을 치루는 방식도 좋다.

날아라 종이비행기

• **활동 장소 : 강당/운동장** • **활동 인원 : 전체** • **준비물 : 종이비행기**

이 활동은 원형 라인을 그리고, 가운데 서서 종이비행기를 날려 부메랑처럼 돌아오게 하는 놀이입니다.

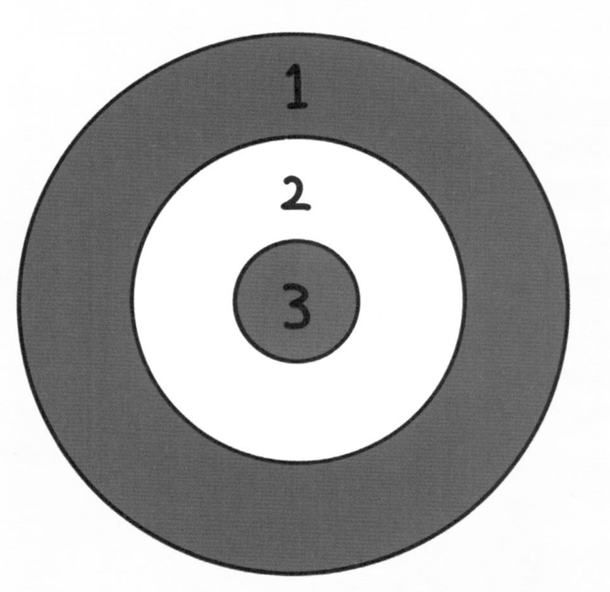

1 운동장에 원형으로 점수 라인을 그린다. (강당 수업 시 원마커나 고깔을 이용한다.)

신체놀이 꿀팁

교실에서 미리 종이비행기를 접어서 준비한다. 일반 종이비행기도 가능하나, 부메랑 종이비행기를 접으면 더 수월하게 돌아온다.

2 원의 가운데에서 종이비행기를 날린다. 원점으로 가까이 돌아와 떨어질수록 높은 점수를 얻는다.

신체놀이 꿀팁

4~5인씩 원에 들어가 1등을 뽑은 후, 각 조 1등끼리 결승전을 치를 수 있다. 조별로 종이비행기를 날려 점수를 합산하여 우승조를 가릴 수도 있다. 이 밖에 왼손으로 던지기, 오른손으로 던지기, 원 바깥에서 던지기, 우리 반 목표점수 함께 달성하기 등 다양하게 변형 가능하다.

이 책의 놀이를 만든 교사들

초등학생을 위한 기적의 신체놀이

2학년 1학기

초판 1쇄 2025년 3월 31일
글 서은철 외 33인 | **그림** 김재희
편집기획 북지육림 | **교정교열** 김민기 | **디자인** 이선영
종이 다올페이퍼 | **제작** 명지북프린팅 | **펴낸곳** 지노 | **펴낸이** 도진호, 조소진
출판신고 2018년 4월 4일 | **주소** 경기도 고양시 일산서구 강선로 49, 916호
전화 070-4156-7770 | **팩스** 031-629-6577 | **이메일** jinopress@gmail.com

ISBN ISBN 979-11-93878-18-7 (03370)